utb 4430



**Eine Arbeitsgemeinschaft der Verlage**

Böhlau Verlag · Wien · Köln · Weimar
Verlag Barbara Budrich · Opladen · Toronto
facultas · Wien
Wilhelm Fink · Paderborn
A. Francke Verlag · Tübingen
Haupt Verlag · Bern
Verlag Julius Klinkhardt · Bad Heilbrunn
Mohr Siebeck · Tübingen
Nomos Verlagsgesellschaft · Baden-Baden
Ernst Reinhardt Verlag · München · Basel
Ferdinand Schöningh · Paderborn
Eugen Ulmer Verlag · Stuttgart
UVK Verlagsgesellschaft · Konstanz, mit UVK/Lucius · München
Vandenhoeck & Ruprecht · Göttingen · Bristol
Waxmann · Münster · New York

# Fit für die Prüfung!

Du hast dich für ein Studium entschlossen und stehst jedes Semesterende vor mehreren Prüfungen. Die UTB-Reihe »Fit für die Prüfung« hilft dir, dabei nicht unter die Räder zu kommen. Sie stellt Prüfungswissen besonders kompakt dar und legt Wert auf das schnelle Verständnis. Für jeden Lerntyp die richtige Methode:

- Die **Lernkarten** zeigen dir Schwierigkeitsgrade an und ziehen ganz unterschiedliche Fragetechniken heran, die von Single Choice über Begriffsdefinitionen bis hin zu Lückentexten und grafischen Fragen reichen.
- Die **Lerntafeln** stellen dir auf kompakteste Weise – auf nur 6 Seiten – neben dem wichtigsten Prüfungswissen auch Definitionen in einem Glossar dar. Geeignet für Studierende in extremer Zeitnot.
- Das **Lernbuch** hilft dir durch eine knackige Themenheranführung, überraschende Prüfungstipps, kompakte Wissensvermittlung und eine spielerische Lernstandskontrolle dabei, Wissenslücken schnell zu schließen.

Weitere hilfreiche Materialien sowie wichtige Informationen rund um Prüfungen findest du unter

**fit-lernhilfen.de**

Thomas Kessel, Marcus Vogt

# Fit für die Prüfung: Wirtschaftsinformatik

Lernbuch

UVK Verlagsgesellschaft mbH · Konstanz
mit UVK/Lucius · München

Prof. Dr. Thomas Kessel und Prof. Dr. Marcus Vogt sind Studiengangsleiter der Wirtschaftsinformatik an der Dualen Hochschule Baden-Württemberg (DHBW) in Stuttgart und halten Lehrveranstaltungen in den verschiedensten Bereichen der Wirtschaftsinformatik.

Online-Angebote oder elektronische Ausgaben sind erhältlich unter www.utb-shop.de.

Bibliografische Information der Deutschen Bibliothek
Die Deutsche Bibliothek verzeichnet diese Publikation in der Deutschen Nationalbibliografie; detaillierte bibliografische Daten sind im Internet über <http://dnb.ddb.de> abrufbar.



Lektorat: Dr. Jürgen Schechler
Einbandgestaltung: Atelier Reichert, Stuttgart
Einbandmotiv: istockphoto.com, t_kimura
Druck und Bindung: Pustet, Regensburg

UVK Verlagsgesellschaft mbH
Schützenstr. 24 · 78462 Konstanz
Tel. 07531-9053-0 · Fax 07531-9053-98
www.uvk.de

UTB-Nr. 4430
**ISBN 978-3-8252-4430-9**

# Inhalt

# Etappe 1:
# Einführung in die Wirtschaftsinformatik

# Startschuss: Schlagwörter und Prüfungstipps

**Was erwartet mich in dieser Etappe?**

Diese Etappe bietet eine Übersicht der typischen Arbeitsgebiete und Themen der Wirtschaftsinformatik und erläutert dabei seine zentralen Begriffe, Ansätze und Methodiken.

**Welche Schlagwörter lerne ich kennen?**

■ Wirtschaftsinformatik ■ Informatik ■ BWL ■ IT-Systeme ■ Informationssysteme ■ Informationstechnologie ■ IT-Strategie ■ Business Intelligence ■ Geschäftsprozessmodellierung ■ IT-Projektmanagement

**Wofür benötige ich dieses Wissen?**

Um die Problemstellungen, Ziele, Beiträge und Methoden der Wirtschaftsinformatik besser verstehen und anwenden zu können.

**Welchen Prüfungstipp kann ich aus dieser Etappe ziehen?**

Typische Prüfungsfragen zielen auf die Aufgabenfelder und die zentralen Begriffe der Wirtschaftsinformatik, insbesondere im Vergleich zur Informatik und zur BWL.

**Los geht's!**

## Grundlagen der Wirtschaftsinformatik

Die Wirtschaftsinformatik hat sich seit geraumer Zeit als eigenständige Wissenschaftsdisziplin etabliert. Ihre primären Ziele sind der Entwurf, die Implementierung und der Betrieb von Informationssystemen in Unternehmen und Organisationen unter Berücksichtigung der betriebswirtschaftlichen Randbedingungen. Dies führt konsequenterweise zu einem Informationsmanagement, das auch die Verwaltung von Informationen und Wissen auf allen Unternehmensebenen umfasst und sich mit einer Vielzahl von Fragestellungen zum Management der zugrundeliegenden Prozesse, Ressourcen und Kosten auseinandersetzen muss.

Die **Wirtschaftsinformatik** (WI) ist als ein **interdisziplinäres Wissensgebiet** angelegt, bei dem die Betriebswirtschaftslehre (BWL) und die Informatik, neben weiteren Wissenschaften, die wesentlichen Begriffe, Ansätze und Methodiken beitragen.

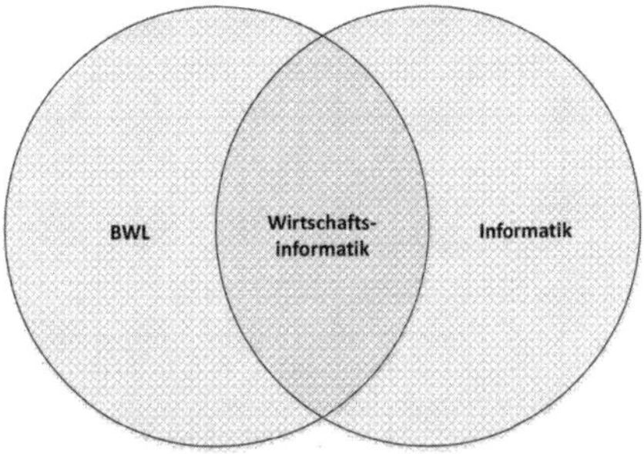


Abbildung 1: Wirtschaftsinformatik als Kombination von Ansätzen der BWL und der Informatik

In Abbildung 1 wird dieser Sachverhalt visualisiert, indem die Wirtschaftsinformatik als Schnittmenge der Betriebswirtschaftslehre und der Informatik dargestellt wird. Aus didaktischen Gründen werden die Beiträge weiterer wissenschaftlichen Disziplinen, wie z.B. Mathematik, Volkswirtschaftslehre, Jura, nicht berücksichtigt, um so die Gesamtaussage bewusst einprägsam, klar und einfach halten zu können.

Die wesentlichen Gründe für die deutlich ansteigende Bedeutung der Wirtschaftsinformatik liegen darin begründet, dass

- die Geschäftsstrategie und die IT-Strategie besser aufeinander abgestimmt sein müssen, um einen deutlichen Wettbewerbsvorteil zu liefern,
- die Abbildung der Geschäftsabläufe auf die betrieblichen Informationssysteme ein tiefgehendes betriebswirtschaftliches und

informationstechnisches Verständnis (für beide Aspekte) voraussetzt,

- der Faktor Information für Unternehmen immer wichtiger und somit geschäftskritischer wird, sowohl was den Umfang, die Komplexität als auch die Geschwindigkeit betrifft, mit der neues Wissen erzeugt wird,
- der Betrieb der betrieblichen IT-Infrastruktur und der Informationssysteme klare Vorgaben für die eingesetzten Prozesse und Ressourcen sowie die Kostenkontrolle benötigt.

Unternehmen lassen sich also heutzutage nur noch durch betriebliche Informationssysteme steuern und führen, wobei diese keinen Selbstzweck darstellen, sondern sie müssen ihren Beitrag zur Wertschöpfung und zur Differenzierung vom Wettbewerb täglich leisten[1].

Die zunehmende Komplexität und die Bedeutung **betrieblicher Informationssysteme**[2] führen dazu, dass sie im Unternehmen als geschäftskritisch, wichtig für die Wertschöpfung und entscheidend für die Wettbewerbsfähigkeit angesehen werden.

Daraus entwickelt sich auch die Notwendigkeit eines **Informationsmanagements**[3], das neben dem Management der IT-Infrastruktur und der betrieblichen Informationssysteme, auch allgemein das der Informationen und damit der Informationswirtschaft umfasst.

Diese wachsende Bedeutung des Informationsmanagements spiegelt sich auch in der Geschäftsführung oder im Vorstand vieler Firmen wieder, wo der Posten des **Chief Information Officers (CIO)**[4] geschaffen wurde, um die strategische und operative Verantwortung zu übernehmen.

---

[1] In Etappe 4 wird detailliert auf diesen Zusammenhang eingegangen.

[2] Vgl. dazu Etappe 3

[3] Vgl. dazu Etappe 2

[4] In Etappe 2 wird nochmals die Rolle des CIOs in Verbindung mit den betrieblichen Informationssystemen aufgegriffen.

Während in der Vergangenheit diese Stelle vor allem technologisch und kostenorientiert geprägt war, so ist der CIO der neuen Generation vorwiegend ein Generalist, der kunden- und serviceorientiert denkt und den Wertbeitrag der **Informationstechnologie (IT)** zur gesamten Wertschöpfung und zur Geschäftsstrategie sieht. Hierin zeigt sich ein verändertes Selbstverständnis der betrieblichen IT, das auch wesentlich durch die Wirtschaftsinformatik beeinflusst und geformt wurde.

Der **Chief Information Officer (CIO)** verantwortet die IT-Strategie des Unternehmens und dessen operative Umsetzung, d.h. das Informationsmanagement im Tagesgeschäft.

Diese zweifache Verantwortung des CIOs, nämlich für die *technologischen* und für *betriebswirtschaftlichen* Belange des Informationsmanagements, spiegelt sich auch in den vielen Arbeitsfeldern der Wirtschaftsinformatik wieder. Typische Betätigungsfelder befinden sich an den Schnittstellen zwischen den einzelnen Fachabteilungen der Unternehmensbereiche (z.B. Controlling, Logistik, Vertrieb, Produktion) und der IT-Abteilung, wo entsprechende Informationssysteme eingesetzt werden und Kenntnisse in beiden Bereichen zur Problemlösung erforderlich sind. Hier werden also die besonderen interdisziplinären Kompetenzen der Wirtschaftsinformatik in erhöhtem Maß gefordert, denn in den genannten Bereichen müssen die Geschäfts- und die IT-Strategie aufeinander abgestimmt und umgesetzt werden. Insbesondere die Abbildung von Geschäftsabläufen auf die betrieblichen Informationssysteme steht hier im Vordergrund.

Die Tatsache, dass Wirtschaftsinformatiker insbesondere an den Schnittstellen zwischen den Fachabteilungen, w.ie z.B. Controlling, Produktion, Logistik, und der IT-Abteilung arbeiten, wird in Abbildung 2 besonders betont. Hier können sie ihre Kompetenzen und Fähigkeiten in den Bereichen BWL und Informatik in besonderem Maße nutzen.

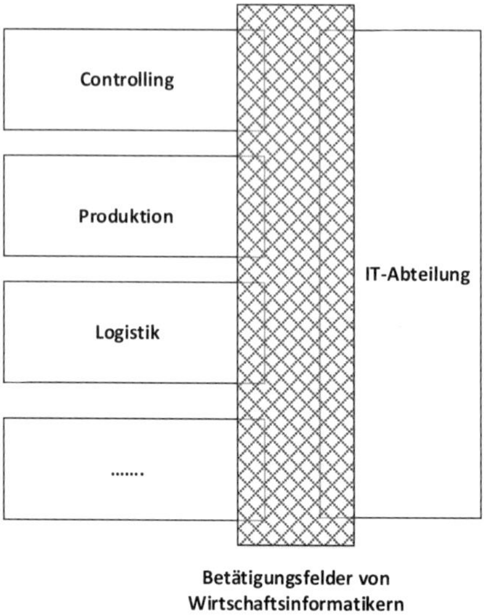


Abbildung 2: Betätigungsfelder von Wirtschaftsinformatikern

Allgemein ist zu sagen, dass alle Tätigkeiten die zum Entwurf, zur Implementierung oder zum Betrieb betrieblicher Informationssysteme gehören, z.B. die Beratung oder Schulung der Anwender, die Erfassung der fachlichen Anforderungen, die Modellierung der IT-Systeme oder die effiziente Integration von Anwendungen in den betrieblichen Geschäftsablauf, typische Bestandteile des Aufgabengebiets der Wirtschaftsinformatik sind. Hinzu kommen alle Aktivitäten, die mit dem Management der Informationssysteme sowie den entsprechenden Prozessen und Ressourcen, wie z.B. dem IT-Governance, der IT-Strategie oder dem Controlling, betraut sind.

Aus diesem Grund ist ein tiefergehendes Verständnis für die betrieblichen Abläufe und die Implementierung in Form einer maschinellen Informationsverarbeitung notwendig. Die Besonderheit der Wirtschaftsinformatik besteht also in einem ganzheitlichen Ansatz, d.h. der Berücksichtigung der technologischen und der betriebswirtschaftlichen Randbedingungen beim Entwurf, der Implementierung und dem Einsatz von IT-Systemen.

Die **Stärke** von Wirtschaftsinformatikern ist der **ganzheitliche, integrierte Problemlösungsansatz,** der sowohl die betriebswirtschaftlichen als auch die informationstechnischen Perspektiven berücksichtigt. Aus diesem Grund finden sich Absolventen der Wirtschaftsinformatik in der Regel auf beiden Seiten der Schnittstellen wieder, d.h. sowohl bei den jeweiligen Fachabteilungen als auch bei der IT-Abteilung.

Abstrakt formuliert geht es darum, die Bedürfnisse eines Unternehmens nach Informationen zu unterstützen, indem IT-basierte Anwendungen die verschiedenen Geschäftsabläufe entlang der betrieblichen **Wertschöpfungskette**[5] begleiten und

- die gewünschten Daten und Informationen
- zur richtigen Zeit,
- am richtigen Ort,
- in der richtigen Menge und
- in der erforderlichen Qualität

bereitstellen (sog. **informationslogistische Prinzipien**).

Dieser sehr allgemeine Anspruch wird in der Praxis auf eine Vielzahl von Problemstellungen abgebildet, indem es im Grunde immer darum geht, den Informationsbedürfnissen des Unternehmens oder der Nutzer mit leistungsfähigen, kostengünstigen Informationssystemen, Ressourcen und Prozessen zu entsprechen.

Beispiele für solche Informationssysteme sind:

- *Entscheidungsunterstützungssysteme (Decision Support Systems)*, die die Leitungs- und Führungsebenen mit den notwendigen Fakten versorgen, um Entscheidungen treffen zu können
- *Berichtssysteme (Reporting Systems)*, die über den aktuellen Stand der Produktion, des Vertriebs oder der finanziellen Situation Auskunft erteilen
- *Kundenmanagementsysteme (Customer Relationship Management)*, die genaue Informationen über die jeweiligen Kunden verwalten, wie z.B. die Ansprechpartner, die nachgefragten Produkte oder Dienstleistungen und die erzielten Umsätze.

---

[5] Vgl. dazu Etappe 4

## Typische Aufgabenstellungen

Die Aufgabenbereiche von Wirtschaftsinformatikern sind entsprechend den Einsatzfeldern und gemäß den Branchen sehr vielfältig. Typische Aufgabenstellungen von Wirtschaftsinformatikern sind zum Beispiel

- die Entwicklung einer IT-Strategie für das Unternehmen
- die Einführung eines neuen betrieblichen Informationssystems
- die Verbesserung existierender Geschäftsabläufe und -prozesse und der damit verbundenen Wertschöpfungsketten
- das Management von IT-Projekten

In den folgenden Abschnitten werden die einzelnen, oben genannten Punkte kurz skizziert und beispielhaft erörtert, um so einen besseren Einblick in die spezifischen Herausforderungen der praktischen Wirtschaftsinformatik zu ermöglichen.

Die **IT-Strategie** lässt sich in der Regel direkt oder indirekt aus der **Unternehmensstrategie** herleiten.

Die Unternehmensstrategie definiert eine Vielzahl von Zielen, Vorgaben und Richtlinien, die auch für die IT-Strategie verbindlich sind und entsprechend umgesetzt werden müssen. Es gilt in der Regel dabei das Primat der Unternehmensstrategie, das die IT-Strategie dominiert. Hierbei sollte berücksichtigt werden, dass normalerweise ein Ermessensspielraum für die betroffenen IT-Abteilungen besteht, wie die entsprechenden Vorgaben umzusetzen sind.

Falls zum Beispiel die Sicherheit der Kundendaten, aufgrund von Regularien in der Finanzbranche, eine hohe Priorität innerhalb der Unternehmensstrategie genießt, so lässt sich dies als IT-Sicherheit oder Datensicherheit im Rahmen der IT-Strategie als Ziel verankern. Die Notwendigkeit der Einhaltung von gesetzlichen Standards oder firmeninternen Regelungen zur Auftragsvergabe bzw. Auftragsannahme, sog. **Compliance-Regelungen**, führt ebenfalls zu entsprechenden Anforderungen an die IT-Strategie, da diese in der Regel von betrieblichen Informationssystemen dokumentiert und überwacht werden müssen.

Die operative Umsetzung kann dann intern, durch einen externen Dienstleistern oder durch die Nutzung von besonders gesicherten IT-Diensten erfolgen.

Häufig führt erst die Kombination von mehreren Randbedingungen zu einer merklichen Einschränkung des Handlungsspielraums und somit in eine bestimmte Entscheidungsrichtung. Kommen in dem obigen Beispiel noch die Anforderungen hinzu, dass kein weiteres Personal hierfür eingestellt werden darf und die Kostenvorgaben unter dem Branchendurchschnitt liegen müssen, dann dürften diese Vorgaben beinahe zwangsläufig auf eine externe Lösung hinauslaufen, z.B. der Ausgliederung, dem Einsatz des Dienstleisters oder eines externen IT-Dienstes. Die Entscheidung, ob und welche Produkte und Dienstleistungen von anderen Firmen bezogen werden, wird als Sourcing bezeichnet. Typische Fragestellungen in diesem Kontext sind herbei die vollständige bzw. teilweise Auslagerung der IT-Abteilungen, das **Outsourcing**, oder die Verlagerung von Dienstleistungen in entfernte Länder, **Offshoring** genannt.

Die **Einführung einer betrieblichen Standardsoftware**, wie z.B. einer Enterprise Ressource Planning (ERP)-Software von SAP oder Oracle, die alle relevanten Unternehmensfunktionen abdeckt, ist ein typisches Beispiel für betriebliche Informationssysteme, denn sie legt die technologische Basis für alle weiteren IT-Systeme.

Eine betrieblichen Standardsoftware (z.B. Enterprise Ressource Planning) zeichnet sich dadurch aus, dass sie normalerweise alle relevanten Geschäftsabläufe des Unternehmens abbildet und implementiert. Insbesondere für größere Unternehmen ergibt sich hieraus eine erhebliche Komplexität, die nur schwierig zu bewältigen ist.

Die Herausforderung bei der Einführung betrieblicher Standardsoftware besteht häufig in der genauen Erfassung der fachlichen und inhaltlichen Anforderungen, der frühzeitigen Einbindung der Benutzer sowie der Durchführung des IT-Projektmanagements innerhalb der vorgegebenen Ressourcen (Zeit, Budget, Personal). Abstrakt formuliert werden die Anforderungen auf ein formales Modell (z.B. die **Unified Modeling Language (UML)**) übertragen, das dann in der Regel wiederum schrittweise in ein operatives Informationssystem überführt und implementiert werden muss. Hierbei erfolgt in der Regel eine kundenspezifische Anpassung der Standardsoftware an die individuellen Anforderungen, das sog. **Customizing**. Das Customizing geht normalerweise über die einfache Konfiguration hinaus und umfasst insbesondere die Entwicklung (umfangreicher) kundenspezifischer Software, sog. Custom Code.

Die **Analyse bestehender Geschäftsprozesse** sowie der damit **verbundenen Wertschöpfungsketten** im Unternehmen ist ein typisches Beispiel für die Verknüpfung betriebswirtswirtschaftlicher und technologischer Aspekte und ist somit auch ein beliebtes Einsatzfeld der Wirtschaftsinformatik in den letzten Jahren gewesen.

Um ein Informationssystem auf ein Unternehmen anzupassen, wird zuerst der aktuelle Geschäftsablauf erfasst und analysiert. Aus betriebswirtschaftlicher Perspektive muss dabei die Notwendigkeit jedes einzelnen Prozessschritts hinterfragt und die organisatorische Einordnung in die Ablauforganisation untersucht werden. Die Dauer der einzelnen Prozessschritte wird gemessen und die entstandenen Kosten werden jeweils geschätzt. Die Methoden des **Business Process Modeling (BPM)** oder **Business Process Reengineering (BPR)** ermöglichen hier ein systematisches und strukturiertes Vorgehen.[6]

Aus technologischer Perspektive wird untersucht, welche Prozessschritte durch eine maschinelle Informationsverarbeitung automatisiert, beschleunigt oder kostengünstiger gestaltet werden können. Hierzu ist es natürlich erforderlich zu wissen, welche Arbeitsschritte, zu welchen Kosten, prinzipiell durch Informationssysteme übernommen werden können und was die entsprechenden technologischen Voraussetzungen dafür sind.

Ein formloser, handschriftlich geschriebener Brief an ein Unternehmen muss zum Beispiel zuerst eingescannt und eventuell über ein optisches Zeichenerkennungsprogramm manuell nachbearbeitet

---

[6] Vgl. dazu Etappe 10

werden, bevor er vollständig in ein elektronisches Dokument überführt werden kann, um anschließend automatisch weiterbearbeitet werden zu können. Ein solcher **Medienbruch**[7] sollte normalerweise vermieden werden, da er zeitlich und finanziell aufwändig ist. Aus diesem Grund sollten möglichst nur homogene Medien und Technologien verwendet werden. Als Alternative hierzu würde sich die Nutzung von vordefinierten Web-Formularen anbieten, denn diese können automatisch sehr schnell erfasst, bearbeitet und gespeichert werden, insbesondere zu einem Bruchteil der Kosten für die Bearbeitung des Briefes, da die aufwändige manuelle Bearbeitung entfällt.

Aus betriebswirtschaftlicher Sicht ist ein Einsatz von IT nur dann sinnvoll, wenn dies entweder die Bearbeitungsgeschwindigkeit steigert, die Betriebskosten senkt, die Qualität erhöht oder andere deutliche quantitative oder qualitative Vorteile, z.B. eine Verbesserung des Kundendienstes, erbringt. Im obigen Beispiel ist dies nur dann der Fall, wenn die anschließenden Bearbeitungsschritte automatisiert durchgeführt werden können.

Sowohl die Einführung und die Umsetzung von betrieblichen Informationssystemen oder Geschäftsprozessen erfordern ein besonderes Projektmanagement. Aus diesem Grund hat sich das IT-Projektmanagement sowohl in der Theorie als auch in der Praxis zu einem wichtigen Bereich innerhalb der Wirtschaftsinformatik entwickelt, denn es besteht allgemeiner Konsens, dass es ein entscheidender Erfolgsfaktor ist.

Das **Management von IT-Projekten** stellt erfahrungsgemäß besondere Anforderungen an die Projektleiter, da diese sowohl die technologischen als auch die organisatorischen und wirtschaftlichen Randbedingungen zu berücksichtigen haben.

Neben den allgemeinen Ansätzen für das Projektmanagement wurden auch spezielle Methodiken für die einzelnen Kategorien von IT-Projekten entworfen, wie z.B. die Migration von IT-Syste-

7 Unterbrechung eines digitalen Prozesses; oft Grund für Informationsverlust oder Fehler.

men, die Entwicklung von Individualsoftware oder die Einführung von Standardsoftware. Für die genannten Projektkategorien gibt es mittlerweile entsprechende Empfehlungen und Vorgehendsmodelle (sog. „best practices") des Projektmanagements, z.B. vom Project Management Institute (PMI), „A Guide to the Project Management Body of Knowledge (PMBoK)" oder „Projects in Controlled Environments (PRINCE2)" des OGC (the Office of Government Commerce).

Außerdem sind zahlreiche unterstützende Werkzeuge auf dem Markt verfügbar, die den Projektleiter bei einzelnen oder allen Phasen eines Projekts unterstützen. Das Ziel ist hierbei natürlich, Aktivitäten, die bislang manuell ausgeführt wurden, zu automatisieren, wie z.B. die Generierung von Berichten, so zu beschleunigen und die damit verbundenen Kosten zu reduzieren.

Im Bereich der Softwareentwicklung haben insbesondere die agilen Ansätze, wie z.B. Extreme Programing (XP), Scrum oder Kanban für großes Interesse gesorgt und zu einem Paradigmenwechsel bei den dominierenden Vorgehensmodellen geführt.

## Arbeitsgebiete der Wirtschaftsinformatik

Dank einer Vielzahl von technischen Innovationen hat sich die Anzahl der Arbeitsgebiete der Wirtschaftsinformatik in den letzten Jahren vervielfacht und vertieft.

Die Bereiche umfassen dabei die klassischen Themen, wie z.B.

- **IT-Strategien**
- **ERP-Software**
- **Business Intelligence**
- **Geschäftsprozesse**

bis hin zu den neuen Gebieten. Beispielhaft seien hier genannt:

- **mobile Apps**[8]
- **soziale Medien**

---

[8] „App" als Kurzform von Applikation. Es ist eine Anwendungssoftware, die oft speziell für mobile Endgeräte, z.B. Smartphones, entwickelt wird.

- **Big Data**[9]
- **Cloud Computing**[10]

Es ist dabei zu berücksichtigen, dass es sich hier um eine Momentaufnahme handelt, denn niemand kann (bislang) vorhersagen, was die Themen in 2 bis 3 Jahren sein dürften.

Aus diesem Grund sind im Folgenden vor allem die Arbeitsgebiete der Wirtschaftsinformatik beispielhaft aufgeführt, die in den letzten Jahren ihre Relevanz unter Beweis gestellt haben und deshalb in den folgenden Kapiteln noch vertieft werden:

- **Informationssysteme (IS) und Unternehmensstrategie**
- **Betriebliche Informationssysteme**, wie z.B.
  - Enterprise Ressource Planning (ERP)
  - Customer Relationship Management (CRM)
  - Supply Chain Management (SCM)
- **Wettbewerbsvorteile und Wertschöpfung mit IS**
- **Strategische Informationssysteme**
- **E-Business/E-Commerce**
- **IT-Infrastruktur**
- **Softwareentwicklung**
- **Business Intelligence**
- **Geschäftsprozessmodellierung** und -**analyse**

Die Wirtschaftsinformatik beschäftigt sich also damit, wie die Unternehmensziele, mittels einer geeigneten **IT-Strategie** und adäquaten **Informationssystemen** umgesetzt werden können und so wesentlich zur Wertschöpfung des Unternehmens beitragen. Die IT ist hierbei kein Selbstzweck, sondern wird als differenzierender

---

[9] Als Big Data bezeichnet man sehr große Mengen an Daten, die mit herkömmlichen Datenbanken nur unzureichend analysiert werden können.

[10] Als Cloud Computing bezeichnet man die verteilte Bearbeitung von Daten über virtuelle IT-Infrastrukturen, welche sich über das gesamte Internet verteilen können.

Faktor für den Unternehmenserfolg angesehen, der entscheidend für die Steigerung der Wertschöpfung des Unternehmens und der Produktivität der Mitarbeiter ist.

## Zwischenstand: Fragen und Antworten

**Bist du fit für die Prüfung?**

Beantworte die folgenden Fragen und finde heraus, ob du die Inhalte dieser Etappe verinnerlicht hast. Die Antworten stehen online für dich bereit. Folge einfach dem QR-Code am Ende des Fragenkatalogs oder dem Link:

**fit-lernhilfen.de/wi/1.htm**

Addiere die Fit-Punktzahlen der korrekt beantworteten Fragen, die in der eckigen Klammer angegeben sind, und notiere diese in der Auswertung am Ende des Buches, um deinen Fitness-Stand später zu errechnen.

**Aus welchen zwei wissenschaftlichen Disziplinen ist die Wirtschaftsinformatik entstanden?**

[3 Fit-Punkte]

- ☐ VWL
- ☐ BWL
- ☐ Informatik
- ☐ Mathematik
- ☐ Jura
- ☐ Soziologie

**Was bedeutet CIO?**

[2 Fit-Punkte]

- ☐ Chief Intelligence Officer
- ☐ Chief Information Officer
- ☐ Chief IT Officer
- ☐ Career is Over

**Was ist die Stärke der Wirtschaftsinformatiker?**

[2 Fit-Punkte]

- ☐ die Beherrschung mathematischer Verfahren
- ☐ die Praxiserfahrung
- ☐ die einseitige Ausrichtung auf ein Fachgebiet
- ☐ die technische und die betriebswirtschaftliche Kompetenz

**Warum werden Wirtschaftsinformatiker besonders gerne an den Schnittstellen zwischen Fachabteilung und IT-Abteilung eingesetzt?**

[3 Fit-Punkte]

- ☐ weil sie eine zweifache Qualifikation (IT, BWL) haben
- ☐ weil sie die Probleme aus zwei Perspektiven (IT, BWL) betrachten können
- ☐ weil sie systematisch arbeiten können
- ☐ weil sie Schnittstellen für IT-Systeme entwerfen können

**Was sind typische Aufgabengebiete der Wirtschaftsinformatiker?**

[3 Fit-Punkte]

- ☐ die Einführung des betrieblichen Berichtswesens
- ☐ die Leitung der Produktion
- ☐ die Entwicklung einer IT-Strategie
- ☐ das Management von IT-Projekten

**Wie hängen IT-Strategie und Informationsmanagement zusammen?**

[3 Fit-Punkte]

- ☐ sie sind unabhängig voneinander
- ☐ sie hängen voneinander ab
- ☐ die IT-Strategie setzt das Informationsmanagement um
- ☐ das Informationsmanagement setzt die IT-Strategie um

**Welches sind typische Arbeitsgebiete der Wirtschaftsinformatik?**

[3 Fit-Punkte]

- ☐ Rechnersysteme
- ☐ Künstliche Intelligenz
- ☐ Business Intelligence
- ☐ Geschäftsprozesse

**Dein Punktestand Etappe 1**
**[............... Fit-Punkte]**

# Etappe 2:
# Informationssysteme und Unternehmensstrategie

## Startschuss: Schlagwörter und Prüfungstipps

### Was erwartet mich in dieser Etappe?

In dieser Etappe geht es um den Zusammenhang von Business- und IT-Strategie sowie den damit verbundenen Managementaufgaben.

### Welche Schlagwörter lerne ich kennen?

■ Align ■ Enable ■ IT-Strategie ■ IT-Governance ■ Informationsmanagement ■ IT-Management ■ Porter's Wettbewerbskräfte ■ Wertschöpfungsketten ■ Normstrategien ■ Information Age ■ Digitale Transformation

### Wofür benötige ich dieses Wissen?

Dieses Kapitel zeigt wie IT und Business miteinander verflochten sind und beschreibt entsprechende Methoden, Vorgehensweisen und Modelle, welche Unternehmen helfen die IT- und Businessstrategie aneinander auszurichten, sodass Informationssysteme möglichst effektiv und effizient eingesetzt werden können.

### Welchen Prüfungstipp kann ich aus dieser Etappe ziehen?

In Prüfungen wird häufig gefordert, dass man den Zusammenhang von IT und Business erklärt und die damit verbundenen Aufgaben kennt. Die in dieser Etappe aufgeführten Methoden, Vorgehensweisen und Modelle dienen dazu, dass man diese Zusammenhänge erkennen und beschreiben kann.

**Los geht's!**

## Unternehmensziele bestimmen die IT

Prinzipiell können sich die neuen Technologien sowie betriebliche Informationssysteme und die umzusetzende Unternehmensorganisation bzw. -strategie gegenseitig beeinflussen, z.B. ermöglichten das Internet und die mobilen Dienste (Smartphones mit entsprechendem Internetzugang) erst eine durchgehende globale, kontinuierliche Kundenansprache, die dann auch von vielen Unternehmensführungen aufgegriffen wurde und neue Geschäftsmodelle hervorgerufen haben. Neue Technologien und IT-Services dienen daher als sogenannte „**Enabler**", welche einem Unternehmen durchaus einen strategischen Vorteil bieten können und das Unternehmen entweder wettbewerbsfähiger machen oder sogar den Wettbewerb durch neue Innovationen bestimmen kann.

In der Praxis bestimmen aber oft die Unternehmensorganisation, -kultur und -ziele durch ihre Vorgaben, z.B. in Form des Budgets, wesentlich die Ausprägung und Umsetzung der internen IT. Ein vorherrschendes Ziel vieler Unternehmen ist zum Beispiel, dass Kosten reduziert und die Effizienz erhöht werden soll. Neue Informationssysteme und entsprechende Technologien werden daher eingesetzt, um dieses Ziel zu erreichen. Es herrscht also klar das Primat der Unternehmensstrategie, dem sich die IT-Abteilung als Teil des Unternehmens und als interner Dienstleister unterzuordnen hat.

Fehlinvestition in die „falschen" Informations- und Kommunikationssysteme können sogar Kosten erhöhen und die Effizienz senken. Typische Fehlinvestitionen entstehen dann, wenn IT-Systeme ohne eine vorangegangene **Bedarfsanalyse** gekauft werden und ein **Pflichtenheft**[11] nicht oder nur sehr rudimentär vorliegt. Man kann daher ein Unternehmen nicht per se durch IT-Investitionen verbessern. So wäre zum Beispiel der Kauf eines umfangreichen und hochverfügbaren E-Mail-Systems für einen kleinen Handwerksbetrieb (z.B. Schreinerei) mit Arbeitszeiten von 8 bis 17 Uhr nicht unbedingt nötig und würde nur dazu führen, dass unnötig Kapital

---

[11] Ein Pflichtenheft beschreibt, wie die Anforderungen des Kunden an das Informationssystem (erkennbar aus Lastenheft) vom Auftragnehmer umgesetzt werden sollen.

gebunden ist und ein komplexes IT-System i.d.R. auch wartungsintensiv ist, was wiederum die laufenden Kosten erhöht. Es ist daher notwendig, dass man die „richtigen" Informationssysteme und Technologien identifiziert und deren Mehrwert für das Unternehmen transparent und nachvollziehbar darstellen kann. Nur so kann man Kosten und Nutzen eines Systems erkennen und prüfen, ob die Initiativen der IT-Abteilung die Unternehmensziele bzw. die betrieblichen Prozesse adäquat unterstützen. Dieses Vorgehen wird in der IT-Welt als das sogenannte „**IT-Business Alignment**" bezeichnet und bedeutet, dass Informationssysteme und Kommunikationssysteme am Unternehmen ausgerichtet werden, um die **Effektivität** und **Effizienz** des Unternehmens zu steigern. Ein System arbeitet effektiv, wenn es seinen Zweck erfüllt, und ist zusätzlich effizient, wenn es diesen Zweck ressourcenschonend erfüllen kann.

Die Ansätze des „**Align**" **und** „**Enable**" bestimmen das heutige Verständnis von IT im Unternehmen. Zum einen sollen Informationstechnologien (IT) und Informationssysteme (IS) bestehende Prozesse des Unternehmens unterstützen (**Align**) und zum anderen sollen innovative Technologien und Systeme neue Geschäftsmodelle oder Services hervorbringen (**Enable**).

Entscheidend ist hierbei, dass die allgemeinen Unternehmensziele, wie z.B. die Steigerung des Umsatzes, die Gewinnung weiterer Marktanteile oder die Reduzierung der Kosten, auf konkreten Kenngrößen für die betrieblichen Informationssysteme (und die IT-Abteilung) abgebildet werden und mit Hilfe des Controllings überwacht werden. Dieses Primat der Unternehmensstrategie lässt sich mit Hilfe der **IT-Governance**[12] entsprechend im Unternehmen umsetzen, damit man hier ein passendes „Alignment" der IT und ein „Enablement" durch IT erreicht werden können.

---

[12] IT Governance befasst sich mit Entscheidungs- und Führungsstrukturen bzgl. IT und deren Auswirkung auf die Unternehmensstrategie bzw. IT-Strategie.

Das „**Enterprise Wide Information Management Modell (EWIM)**" verdeutlicht diese Zusammenhänge in vereinfachter Form (siehe Abbildung 3).

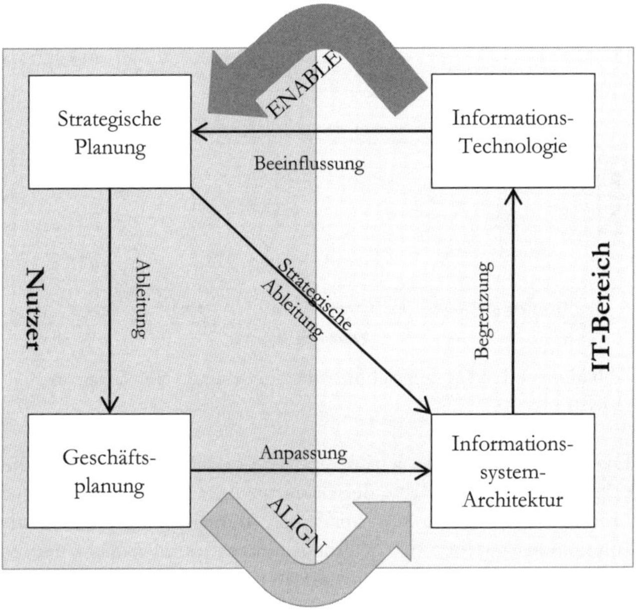


Abbildung 3: EWIM (mit Änderungen übernommen aus Krcmar, H. (2015))

Ein etwas genaueres Modell zur Beschreibung des IT-Business Alignments wurde von Henderson und Venkatraman (1993) entwickelt. Henderson und Venkatraman gehen davon aus, dass Unternehmen wegen einer zu geringen Harmonisierung von Business und IT oft keinen Mehrwert aus Ihren IT-Investitionen ziehen können. In Ihrem **Strategic Alignment Model (SAM)** (siehe Abbildung 4) haben sie daher vier Unternehmensdomänen mit jeweils drei Entscheidungsfeldern identifiziert, welche sich gegenseitig beeinflussen.

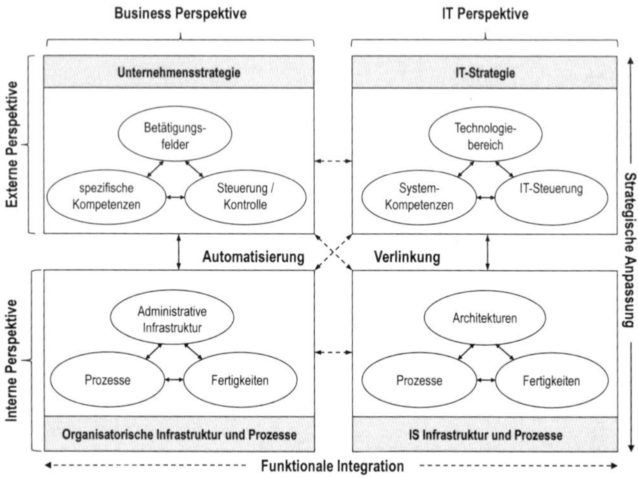


Abbildung 4: EWIM (angelehnt an Henderson und Venkatraman (1993))

Die Domänen können jeweils entweder einer internen oder einer externen Perspektive bzw. der Business- oder IT-Perspektive zugeordnet werden. Dabei beschreibt die „strategische Anpassung“ die Interaktion zwischen der externen und der internen Sicht und die „funktionale Integration“ das Zusammenspiel zwischen Business und IT. Da die Domänen voneinander abhängig sind kann man vier Hauptszenarien identifizieren, in denen sich die Domänen bzw. deren Entscheidungsfelder gegenseitig beeinflussen:

[1] **Strategische Ausführung:** die Unternehmensstrategie gibt Ziele vor, organisatorische Infrastruktur und Prozesse setzen diese um, die IS-Infrastruktur und Prozesse unterstützen sie dabei (Strategic Alignment)

[2] **Technologisches Potential:** die Unternehmensstrategie erkennt einen technologischen Mehrwert für das Unternehmen (z.B. Kostenersparnis), die IT-Strategie wird angepasst, die IS-Infrastruktur und Prozesse setzen diese um (Strategic Alignment)

[3] **Wettbewerbsvorteil**: neue Technologien werden von der IT-Strategie als möglicher Wettbewerbsvorteil erkannt, die Unternehmensstrategie ändert ihr Geschäftsmodell, die organisatorische Infrastruktur und Prozesse setzen diese mit Hilfe der neuen Technologie um (Strategic Enabler).

[4] **Service Levels:** Information wird als kritischer Produktionsfaktor von der IT-Strategie erkannt, passende Service Levels werden zwischen IS-Infrastruktur und Prozessen und organisatorische Infrastruktur und Prozesse vereinbar und passend geliefert

Die folgende Grafik soll das Zusammenspiel der o.g. Domänen in den beschriebenen Szenarien (1 – 4) nochmals etwas verdeutlichen.

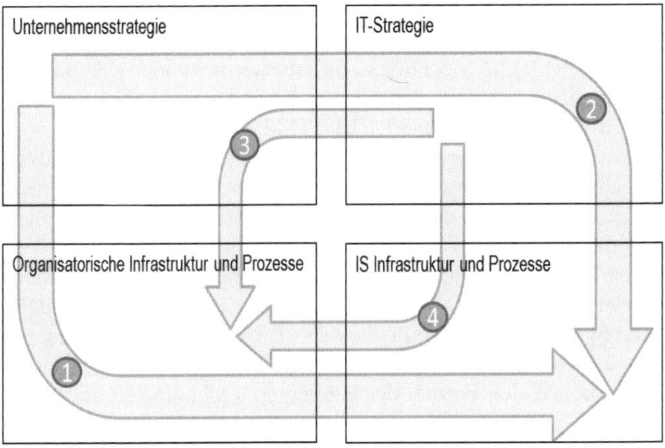


Abbildung 5: SAM Szenarien

Das **Enterprise Wide Information Management (EWIM)** Modell und das **Strategic Alignment Modell (SAM)** beschreiben den Zusammenhang und die gegenseitige Beeinflussung von **Unternehmensorganisation** und **Informationssystemarchitektur**.

Die IT-Governance taucht hierbei als Bindeglied zwischen der **Corporate Governance** und dem **klassischen IT-Management** auf. Die IT-Governance dient dazu die langfristigen Ziele des Unternehmens und dessen Visionen auch in der IT zu verankern und deren effektiven und effizienten Einsatz im Unternehmen sicherzustellen. Im Detail bedeutet dies, dass sich die Methoden der IT-Governance hauptsächlich um die Evaluierung, Auswahl, Priorisierung und Finanzierung von IT-Initiativen des Unternehmens kümmern und dabei klare Entscheidungsprozesse, Entscheidungsrechte, Verantwortlichkeiten und Regelkonformitäten (**Compliance**) festlegen.

Die IT-Governance hat daher einen sehr strategischen Charakter und regelt weniger das operative IT-Management, welches sich historisch bedingt eher um das Management der Hard- und Software eines Unternehmens kümmert. Um diese Lücke zwischen strategischem und operativem IT-Management zu schließen hat sich in den vergangen Jahren zunehmend das **IT Service Management** (ITSM) etabliert. Das ITSM schafft die konkrete Verbindung zwischen benötigten IT-Diensten (Services) in den Abteilungen eines Unternehmens und dem operativen Management dieser IT-Services in der IT-Abteilung. So stellen z.B. der Empfang und das Versenden von Emails einen IT-Service dar, dessen Verfügbarkeit und Qualität zwischen Fachabteilung und IT-Abteilung vereinbart werden muss. Die IT-Abteilung ist im Anschluss dafür verantwortlich, dass der IT-Service „Email" den Fachabteilungen entsprechend zur Verfügung steht und kümmert sich daher um die Wartung und den Betrieb der benötigten Technologien und Systeme.

Zur Umsetzung der IT-Governance und des IT Service Managements können sich heutige Unternehmen einer Vielzahl von sogenannten „Best Practice"-Methoden bzw. Referenzmodellen bedienen. So gibt es Rahmenwerke für die **Enterprise Architecture** (z.B. TOGAF, Zachman), welche bei der Anpassung der Informationssystemarchitektur an die Unternehmensziele bzw. Prozesse unterstützt, für die IT-Governance (z.B. **COBIT**, ISO 38500), für das IT Service Management (z.B. **ITIL**, ISO 20000) und für den Bereich IT-Security (z.B. ISO 27000 ff.). Diese dienen dem Unternehmen als Leitfaden für eine eigene Implementierung.

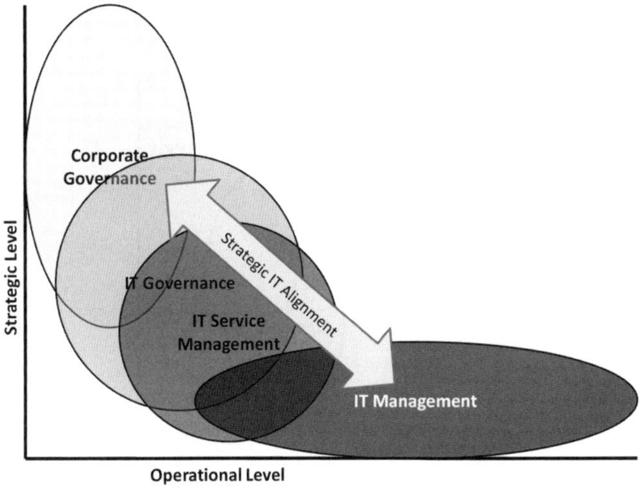


Abbildung 6: Zusammenhang von Corporate Governance, IT-Governance, IT Service Management und IT-Management (Vogt, M. (2012))

Die obige Grafik soll die Zusammenhänge von Corporate Governance, Enterprise Architecture, IT-Governance, IT Service Management und dem klassischen IT-Management nochmals verdeutlichen. Sie zeigt, dass zwischen den einzelnen Disziplinen entsprechende Abhängigkeiten und Überlappungen herrschen, welche beabsichtigt sind. So gab es früher z.B. eine Lücke zwischen der Unternehmensstrategie / Corporate Governance einerseits und dem klassischen IT-Management andererseits, da die Methoden der IT-Governance und des IT Service Management noch nicht etabliert waren. Dies führte dazu, dass IT-Investitionen nicht immer wertschöpfend für das Unternehmen waren, da sich IT und Business nicht klar verständigen konnten. IT-Governance und IT Service Management haben daher dazu beigetragen, dass der Mehrwert der IT für das Unternehmen deutlich wird, indem IT-Investitionen an der Unternehmensstrategie ausgerichtet werden können. Sie bilden daher eine Art „Übersetzungsschicht" zwischen IT und Business, um das Paradigma von „Align & Enable" umzusetzen. Die folgende Grafik beschreibt die dazu korrespondierenden Referenzmodelle und deren Schwerpunkte, welche von Unternehmen eingesetzt werden können, um dies zu erreichen.

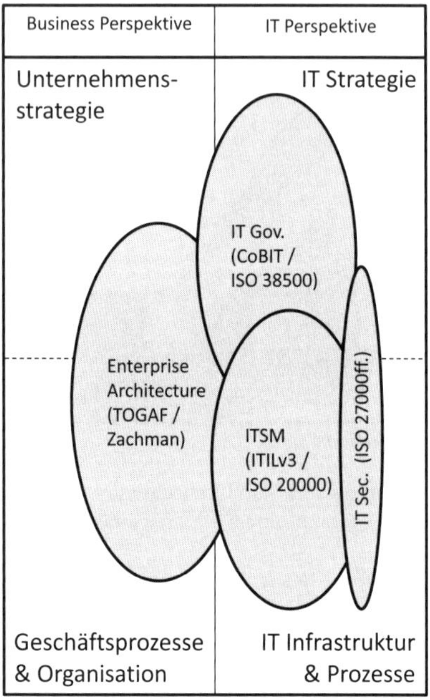


Abbildung 7: IT relevante Referenzmodelle und Methoden (in Anlehnung an Krcmar H. (2015) & Johansen/Goeken (2007))

**Corporate Governance**, **IT-Governance**, **IT Service Management**, und **klassisches IT-Management** müssen zur Umsetzung des Paradigmas von „**Align & Enable**" aufeinander abgestimmt sein. Hierzu gibt es sich gegenseitig ergänzende **Referenzmodelle** und **Standards** (**ITIL**, **COBIT**, **TOGAF**, **ISO** etc.), welche dem Unternehmen als Leitfaden bei Implementierungen dienen können.

## Aufgaben des Informationsmanagements

Für eine erfolgreiche Umsetzung bzw. Integration der oben erwähnten Methoden ist die Präsenz in der Geschäftsführung oder im Vorstand durch einen **Chief Information Officer (CIO)** oft auschlaggebend. Der CIO kümmert sich um die strategische Ausrichtung der IT und fungiert so quasi als „Botschafter“ zwischen IT und Business. So ist eine seiner Hauptaufgaben die Identifizierung neuer Technologien und Informationssysteme, welche für das Unternehmen von strategischem Vorteil sein könnten. Weiterhin ist er für die Informationssystemarchitektur verantwortlich und plant diese, in Zusammenarbeit mit internen und externen Spezialisten, möglichst nachhaltig, damit IT-Investitionen auch langfristigen Mehrwert für das Unternehmen schaffen und keine Behinderung für die Weiterentwicklung des Unternehmens und dessen IT-Infrastruktur darstellen.

Auch wenn die Position des CIO oft als eine Stabsstelle ausgelegt wird, so ist der CIO in vielen Unternehmen auch gleichzeitig der Leiter der IT-Abteilung. Dies bringt insofern Vorteile, als dass der CIO in seiner Funktion als Vorstandsmitglied oder als Teil der Geschäftsführung in die strategische Entwicklung des Unternehmens direkt eingebunden ist, er aber auch aktuelle Entwicklungen in der IT-Abteilung verfolgen kann. Er ist somit in der Lage, die Paradigmen des „Align & Enable“ unmittelbar umzusetzen und kann die Informationssystemarchitektur an den strategischen Zielen des Unternehmens ausrichten (**strategische Ableitung**). Dies schützt langfristig die IT-Investitionen und ermöglicht dennoch, dass sich das Unternehmen schnell auf geänderte Marktbedingungen bzw. technologische Neuerungen einstellen kann, was in der heutigen Schnelllebigkeit durchaus ein unternehmerischer Vorteil ist.

Krcmar (2015) fasst die Aufgaben des **Informationsmanagements** in einem Modell zusammen, wobei er den Fokus auf die Ressource Information richtet und Informationssysteme bzw. Informationstechnologien nur als „Mittel zum Zweck“ sieht. Der Ansatz, dass sich im Informationsmanagement primär alles um die Ressource Information drehen sollte ist sinnvoll, da IT/IS an sich keinen direkten Mehrwert für ein Unternehmen schaffen, aber bessere und schnellere Information durchaus positiven Einfluss auf die Unternehmensprozesse und unternehmerischen Entscheidungen haben. Man kann diesen Ansatz auch mit dem „Nagel in der Wand“ vergleichen – dieser hat i.d.R. selbst keinen Mehrwert für die Bewohner, aber er ermöglicht es ihnen ein schönes Bild aufzuhängen. Krcmar geht daher davon aus, dass das „**Management der Informationswirtschaft**“ bzw. dessen Ziele, das Management von Informationsnachfrage, -angebot und -verwendung, definierend für die darunterliegenden Ebenen sind. So werden die identifizierten Anforderungen der Informationswirtschaft für die Konzeption der entsprechenden Informationssysteme genutzt.

Das „**Management der Informationssysteme**“ befasst sich wiederum mit der Gestaltung passendender Daten- und Prozessmodelle sowie der Auswahl passender Anwendungen und dem Lebenszyklusmanagement von Informationssystemen, damit diese die Informationswirtschaft adäquat unterstützen können.

Das „Management der Informationssysteme“ definiert wiederum die Anforderungen an das „**Management der Informations- und Kommunikationstechnik**“, da ein Informationssystem ohne passende technische Infrastruktur nur wenig sinnvoll ist. Daher muss in der untersten Ebene die Speicherung und Verarbeitung von Informationsobjekten organisiert werden und Netzwerke, Server sowie entsprechende Technikbündel müssen proaktiv gemanagt werden, damit es zu möglichst wenigen Störungen kommt, z.B. ständiger Ausfall eines Informationssystems, da Netzwerkkomponenten überlastet sind.

Parallel zu den Ebenen verläuft die Säule mit den „**Führungsaufgaben des Informationsmanagements**“. Die Aufgaben wie IT-Governance, IT-Controlling, IT-Personal etc. sind in allen drei Ebenen auszuführen und sind deshalb als übergreifende Tätigkeiten zu sehen. Die folgende Abbildung verdeutlicht diesen Ansatz.

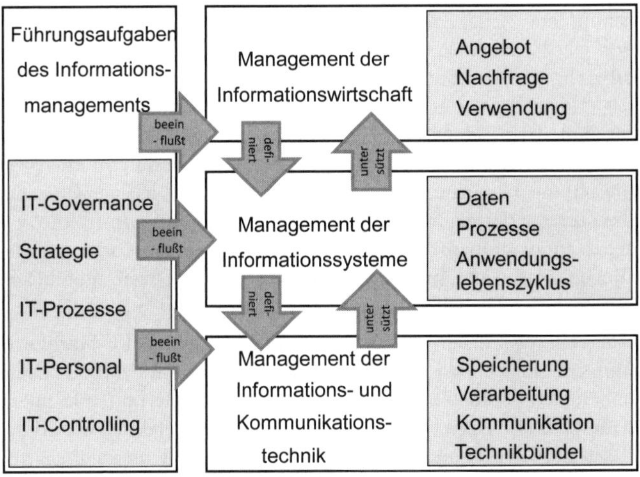


Abbildung 8: Informationsmanagementmodell nach Krcmar (mit Änderungen übernommen aus Krcmar, H. (2015))

Das **Informationsmanagementmodell nach Krcmar** beschreibt die Aufgaben des IS/IT-Managements anhand des Informationsmanagementansatzes. Das Modell geht dabei davon aus, dass sich im Informationsmanagement alles um die „**Ressource Information**" drehen sollte, da diese zur Wertschöpfung beitragen kann und Informationssysteme bzw. Technologien nur unterstützend wirken. Das Modell unterteilt sich dabei in drei Ebenen und eine Säule, welche sich gegenseitig beeinflussen.

Der verstärkte Einsatz von Informationssystemen und neuen Technologien hat natürlich auch Auswirkungen auf die eigentliche IT-Organisation. Eine der wichtigen strategischen Unternehmensentscheidungen ist dabei, ob die firmeneigene IT in Teilen oder vollständig an Drittanbieter ausgelagert (**Outsourcing, Off-Shoring, Near-Shoring**) oder beibehalten wird. Es ist durchaus sinnvoll, dass man sich auf wichtige Aspekte konzentriert (sog. **Kernkompetenzen**) und sehr spezielle Dinge sowie wenig wertschöpfende Arbeiten entsprechend auslagert, da diese Tätigkeiten von entsprechenden Dienstleistern oft effizienter und günstiger erbracht werden können. Zu beachten ist hierbei jedoch, dass sich das Unternehmen nicht zu abhängig von diesen Dienstleistern machen darf, indem es zu verstärktem Verlust von prozesskritischem Knowhow kommt. Es ist daher zu klären, ob und inwieweit die interne IT einen Beitrag zur Wertschöpfung leisten kann, der die Differenzierung zum Wettbewerb z.B. in Form von technologischen Innovationen, erhöhtem Kundenservice oder Kostenreduzierungen ermöglicht und welche IT-Services günstiger und besser von externen Dienstleistern erbracht werden können.

Ein weiterer kritischer Punkt ist die Festlegung von **IT-Standards** und entsprechenden Plattformen in einem Unternehmen. Diese haben den Vorteil einer hohen Interoperabilität und erleichtern dadurch das Design der Informationssystemarchitektur, was in der Regel die Investitionen länger schützt bzw. das Unternehmen vor Fehlinvestitionen bewahrt, da man auf Bewährtes zurückgreifen kann. Durch die Einführung von Standards können in der Regel auch die Betriebskosten der Informationssysteme gesenkt werden, da meist weniger Aufwand für deren Instandhaltung benötigt wird. Der Nachteil von Standards ist jedoch, dass sie gegebenenfalls nicht alle Bedürfnisse eines Unternehmens abdecken können und dass diese Standards quasi auch von der Konkurrenz eingesetzt werden können, was den strategischen Vorteil von IT Systemen zunichtemacht oder diesen zumindest mindert. Typische Fragen bzgl. der Standardisierung stellen sich Unternehmen oft in den Bereichen **Standardsoftware** vs. individuelle **Softwareentwicklung**, Standardhardware vs. **Bring-Your-Own-Device**, Proprietäre Software vs. **Open Source** usw.[13]

Für effektive und effiziente Abläufe in der IT-Organisation muss sich das Unternehmen mit **Sourcing-Strategien** (Outsourcing, Off-Shoring, Near-Shoring etc.) und **Standardisierungsstrategien** (Hardware & Software) auseinandersetzen.

---

[13] Vgl. dazu die Etappen 7 und 8

## Zunehmende Bedeutung der Unternehmens-IT

In vielen Branchen (z.B. bei Banken, Versicherungen, Fertigungsunternehmen, Handel und Dienstleister) hat sich die Bedeutung der IT in den letzten Jahren kontinuierlich erhöht, da sich die typischen Unternehmensziele, wie z.B. die Erhöhung der Produktivität, die Intensivierung der Kundenbeziehung oder der Aufbau einer globalen Präsenz, in der Regel nur durch den zunehmenden Einsatz von betrieblichen Informationssystemen umsetzen lassen. Dies war und ist möglich, da zum einen die eingesetzten Informationssysteme, aufgrund des technologischen Fortschritts, immer leistungsfähiger werden (bzgl. **Prozessoren**, **Datenspeicher**, neue Funktionen, effizientere Implementierungen, **Algorithmen / Business Intelligence**) und zum anderen die internen **Geschäftsprozesse** zunehmend formalisiert, automatisiert und anschließend optimiert werden.[14]

Gleichzeitig folgt die Unternehmens-IT dem Trend zu flach(er)en Hierarchien, zur weltweiten Präsenz, der erhöhten Agilität aber auch der zunehmenden Komplexität von Entscheidungsprozessen, indem die betreffenden Leitungsstrukturen durch spezifische Informationssysteme unterstützt werden. Es zeigt sich aber auch, dass die Herausforderung im Entwurf von Informationssystemen darin besteht, den zunehmend komplexen und wachsenden Informationsfluss auf die Aufnahmebereitschaft und die Verfügbarkeit der menschlichen Anwender genau abzustimmen, ohne diese zu über- oder unterfordern. Nur in diesem Fall können IT-Systeme eine echte Orientierung und damit einen Beitrag zu den Unternehmenszielen leisten.

Ultimatives Ziel des **Informationsmanagements** ist, durch den Einsatz von passenden Informationssystemarchitekturen, einen bestmöglichen **Ausgleich von Informationsangebot und -nachfrage** zur erreichen, wie dies auch im Informationsmanagementmodell nach Krcmar beschrieben ist.

---

[14] Vgl. dazu die Etappen 7 bis 10

## Zwischenstand: Fragen und Antworten

**Bist du fit für die Prüfung?**

Beantworte die folgenden Fragen und finde heraus, ob du die Inhalte dieser Etappe verinnerlicht hast. Die Antworten stehen online für dich bereit. Folge einfach dem QR-Code am Ende des Fragenkatalogs oder dem Link:

**fit-lernhilfen.de/wi/2.htm**

Addiere die Fit-Punktzahlen der korrekt beantworteten Fragen, die in der eckigen Klammer angegeben sind, und notiere diese in der Auswertung am Ende des Buches, um deinen Fitness-Stand später zu errechnen.

**Was bedeutet „Align" im Business –IT Umfeld?**

[3 Fit-Punkte]

- ☐ Ausrichtung der Unternehmensziele an der IT
- ☐ Ausrichtung der IT an den Unternehmenszielen
- ☐ Ausrichtung von IT und Unternehmenszielen an gesetzlichen Vorgaben

**Was bedeutet „Enable" im Business –IT Umfeld?**

[2 Fit-Punkte]

- ☐ Beeinflussen der Unternehmensstrategie durch innovativen Einsatz von Informationssystemen.
- ☐ Ermöglichen von IT Investitionen.
- ☐ Schaffung möglicher neuer Geschäftsmodelle durch neue Informationstechnologien.

**Was versucht das EWIM-Modell auf sehr abstrakte Art darzustellen bzw. zu erklären?**

[3 Fit-Punkte]

- ☐ Es zeigt die enge Verzahnung von Business und IT sowie deren gegenseitige Beeinflussung.
- ☐ Es gibt dem IT-Management klare Anweisungen.
- ☐ Es zeigt, dass die Informationssystemarchitektur eines Unternehmens von dessen Unternehmensstrategie abgeleitet werden sollte.
- ☐ Es zeigt, dass IT alleiniger Treiber für ein erfolgreiches Geschäftsmodell ist und dass sich daher die restlichen Elemente des Modells an die Vorgaben der Informationssystemarchitektur ausrichten sollen.

**Warum gewinnt die IT immer mehr an Bedeutung für moderne Unternehmen?**

[3 Fit-Punkte]

- ☐ Weil IT-Trends immer schnell umgesetzt werden müssen, egal ob diese zur Unternehmensstrategie passen oder nicht.
- ☐ Weil neue Informationssysteme immer einen Mehrwert für ein Unternehmen bringen sollten.
- ☐ Weil mit IT-Investitionen oft langfristig Kosten eingespart werden können
- ☐ Weil man sich mit dem innovativen Einsatz von IT neue Marktchancen eröffnen kann

**Wieso spielt das „Management der Informationswirtschaft“ eine zentrale Rolle im Informationsmanagement?**

[3 Fit-Punkte]

- ☐ Es spielt keine zentrale Rolle, da Informationssysteme dessen Schwächen ausgleichen können

☐ Es bildet die Grundlage für das Design von Informationssystemen, es definiert sozusagen die Anforderungen an Informationssysteme.

☐ Informationssysteme unterstützen gewissermaßen das Management der Informationswirtschaft.

**Warum werden im Informationsmanagementmodell nach Krcmar die „Führungsaufgaben" als Säule dargestellt?**

[2 Fit-Punkte]

☐ Da sie in keinem Zusammenhang mit den restlichen Elementen stehen.

☐ Da sie Auswirkungen auf alle drei Ebenen des Modells haben und daher parallel verlaufen und ausgeführt werden müssen.

**Dein Punktestand Etappe 2**
**[.............. Fit-Punkte]**

# Etappe 3:
# Betriebliche Informationssysteme

# Startschuss: Schlagwörter und Prüfungstipps

### Was erwartet mich in dieser Etappe?

In dieser Etappe werden betrieblichen Informationssysteme und deren Einsatz genauer beschrieben.

### Welche Schlagwörter lerne ich kennen?

■ Informationssystem (IS) ■ Anwendungssystem (AS) ■ Funktionale und hierarchische Informationssysteme ■ Transaction Processing System (TPS) / Operative Systeme ■ Decision Support System (DSS) / Entscheidungsunterstützungssysteme ■ Management Information Systems (MIS) / Managementsystem ■ Executive Support Systems (ESS) / Führungsunterstützungssysteme ■ Enterprise Ressource Planning (ERP) ■ Customer Relationship Management (CRM) ■ Supply Chain Management (SCM)

### Wofür benötige ich dieses Wissen?

Für die Umsetzung der strategischen Ziele eines Unternehmens ist es von Bedeutung zu wissen, welche Aufgaben durch entsprechende betriebliche Informationssysteme erfüllt werden können. Hierzu ist es wichtig, dass man deren Schwerpunkte und deren Zusammenspiel erkennt. In dieser Etappe erfahren Sie, welche typischen betrieblichen Informationssysteme es gibt und wie man diese kategorisieren kann.

### Welchen Prüfungstipp kann ich aus dieser Etappe ziehen?

In Prüfungen wird häufig gefordert, dass man die Funktionen von gängigen Informationssystemen erklären kann. Die in dieser Etappe aufgeführten betrieblichen Informationssysteme bilden oft die Kernfunktionen eines Unternehmens ab und sind daher Dreh- und Angelpunkt für daran angeschlossene Systeme. Das Wissen über diese Systeme bzw. die Systemkategorien wird es Ihnen ermöglichen, zum einen deren Funktionen zu erklären, zum anderen aber auch deren Zusammenspiel zu beschreiben.

**Los geht's!**

## Vom Anwendungssystem zum betrieblichen Informationssystem

**Betriebliche Informationssysteme** unterstützen Unternehmen und Organisationen bei der Verarbeitung großer Datenmengen (z.B. **Big Data**) und sie können zu besseren unternehmerischen Entscheidungen führen. Die Aufgabe der Wirtschaftsinformatik ist es, geeignete betriebliche Informationssysteme zu entwerfen, zu verbessern und diese in die operativen Prozesse des Unternehmens zu implementieren. Ziel ist es, die Ver- und Bearbeitung von Informationen in einem betrieblichen Umfeld zu systematisieren.

Ein solches betriebliches Informationssystem besteht im Wesentlichen aus drei Kernelementen, welche sich gegenseitig beeinflussen: **Organisation**, **Management** und **Anwendungssystem**.

Das **Anwendungssystem** verarbeitet die für die betrieblichen Aufgaben und **Geschäftsprozesse** relevanten Daten mit Hilfe von **Software**, welche die logische Ebene darstellt, und der **IT-Infrastruktur**, welche die Information auf elektronischem Wege verbreitet. Ein Anwendungssystem ist somit nur als der technische Teil eines Informationssystems anzusehen. Um bessere betriebliche Entscheidungen treffen zu können, müssen die betrieblichen Informationen effektiv systematisiert und verarbeitet werden. Ein operables betriebliches Informationssystem muss daher auch die Faktoren Organisationsstruktur und die Managementziele berücksichtigen. Da sich diese Faktoren von Betrieb zu Betrieb unterscheiden, ist ein betriebliches Informationssystem immer als individuelles System zusehen, welches in der Form i.d.R. kein weiteres Mal zu finden ist. Die Einführung eines von der Stange gekauften Anwendungssystems verlangt daher immer eine gewisse prozessorientierte oder technische Anpassung (sog. **Customizing**).

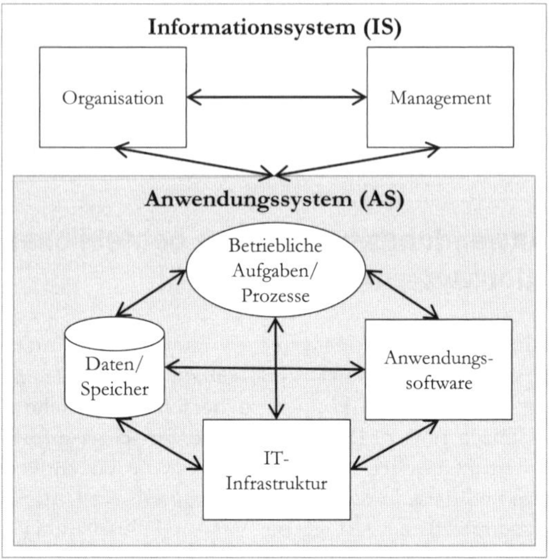


Abbildung 9: IS vs. AS (mit Änderungen entnommen aus Krcmar, H. (2015))

Ein **Anwendungssystem** wird zu einem **Informationssystem** wenn **Organisation** und **Managementziel**e bei der **Implementierung** beachtet werden. Ein Informationssystem ist daher immer auf ein Unternehmen angepasst bzw. unterstützt dessen Ziele.

## Informationssysteme aus hierarchischer und funktionaler Sicht

Informationssysteme lassen sich auf den unterschiedlichsten Hierarchieebenen eines Unternehmens finden. Die klassische Einteilung erfolgt in drei aufeinander aufbauenden Ebenen: **operativ**, **taktisch** und **strategisch**. Auf der operativen Ebene werden Rohdaten anhand von Transaktionen erfasst (sog. **Transaction Processing Systems** (**TPS**)). Ein Beispiel für ein solches Informationssystem wäre die Lagerverwaltung, wobei jede Ein- und Auslagerung eine Transaktion darstellt und damit neue Daten generiert. Darauf aufbauend finden wir taktische Informationssysteme, welche oft als **Management Information Systems (MIS)** und **Decision Support Systems (DSS)** bezeichnet werden. Hier werden die Rohdaten aus den operativen Systemen aggregiert und bieten somit Informationen für das mittlere Management (z.B. Abteilungsleiter). Diese Systeme schaffen wiederum die Grundlage für die Informationssysteme der strategischen Ebene und sollen die Unternehmensführung unterstützen (sog. **Executive Support Systems (ESS)**). Der Zusammenhang wird in folgender Abbildung dargestellt.

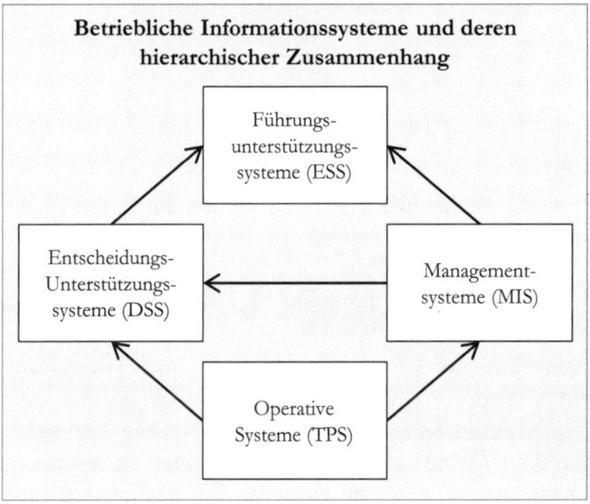


Abbildung 10: Betriebliche IS (Mit Änderungen entnommen aus Laudon et al. (2015))

Eine weitere Unterteilung der betrieblichen Informationssysteme kann anhand der Funktionen oder Abteilungen stattfinden. Die folgenden Funktionen und Anwendungen lassen sich in den meisten Betrieben wieder finden:

- **Vertrieb & Marketing** → Systeme zur Auftragsbearbeitung und Kundenverwaltung
- **Fertigung & Produktion** → Materialwirtschafts- und Produktionsplanungssysteme

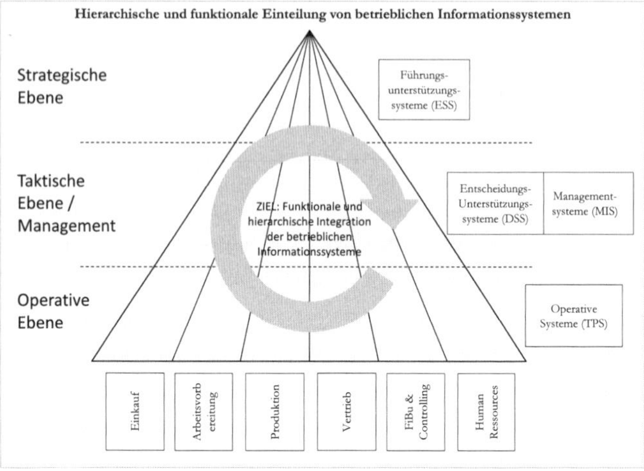


Abbildung 11: Funktionale & hierarchische Integration von IS (mit Änderungen entnommen aus Laudon et al. (2015))

- **Finanz- & Rechnungswesen** → Lohnbuchhaltung, Kreditoren- und Debitorenverwaltung
- **Personalwesen** → Personalverwaltungs- und Zeiterfassungssysteme

Im Gegensatz zu früheren Informationssystemen, welche hauptsächlich die einzelnen betrieblichen Funktionen unterstützt haben, wird heute darauf geachtet, dass die Informationssysteme auch funktionsübergreifend integriert sind, um eine Wertschöpfung über den gesamten Prozess zu gewährleisten und um **Medienbrüche** und damit einhergehende Informationsverluste bzw. Fehlerquellen zu vermeiden.

**Anwendungssysteme** müssen auf **hierarchischer** (strategisch, taktisch, operational) und **funktionaler Ebene** (z.B. zwischen Abteilungen) aufeinander abgestimmt sein, damit relevante Informationen entlang der Wertschöpfungskette und Entscheidungsstrukturen ohne **Medienbrüche** zur Verfügung stehen.

## Häufig vorkommende Informationssysteme in Unternehmen

Um diese vertikale (hierarchische) und horizontale (funktionale) Integration in den Betrieben zu schaffen, haben sich drei Arten von Anwendungssystemen als Kernelemente der betrieblichen Informationssysteme etabliert:

- **Enterprise Ressource Planning (ERP)**: Unterstützung aller betrieblichen Funktionen durch ein umfassendes IT-System, das den Einsatz der wirtschaftlichen und technischen Ressourcen plant, steuert, überwacht und dokumentiert.
- **Customer Relationship Management (CRM)**: Kundendaten und –beziehungen werden in einer zentralen Anwendung erfasst, verarbeitet und ausgewertet, sodass sie dem Vertrieb und dem Marketing anschließend für die Kundenansprache und –betreuung zur Verfügung stehen.
- **Supply Chain Management (SCM)**: Management der Lieferantenbeziehung und der Lieferkette zur Erhöhung der Wertschöpfung innerhalb des gesamten Wertschöpfungsnetzes mit Hilfe von verlinkten Informationssystemen.

Dreh- und Angelpunkt in den meisten Unternehmen bildet das ERP System. Es kann die wichtigsten internen Geschäftsprozesse über die verschiedenen hierarchischen und funktionalen Ebenen unterstützen und bietet in der Regel Schnittstellen zu CRM und SCM Systemen, welche die externen gerichteten Geschäftsprozesse unterstützen (also in Richtung von Kunden und Lieferanten).

Das CRM System kann das ERP System auf Kundenseite erweitern und hilft die Beziehungen zum Kunden zu pflegen sowie diesen zu analysieren, um besser auf dessen Wünsche eingehen zu können. Das SCM System kann diese Kunden-/Betrieb-Schnittstelle zum Lieferanten hin erweitern und hilft so die Kommunikation mit den Lieferanten zu verbessern und die Lieferkette zu optimieren, z.B. durch **Just-in-time**- bzw. **Just-in-sequence**-Lieferungen. Ultimatives Ziel des SCM ist die Erhöhung der Transparenz zwischen allen in der **Wertschöpfungskette** beteiligten Parteien (also vom Endkunden bis hin zu sekundären und tertiären Lieferanten, bzw.

umgekehrt). Eine vollständige Transparenz in einem **Wertschöpfungsnetz** kann z.B. den sogenannten „**Bull-Whip-Effekt**“ bzw. „**Peitscheneffekt**“ verringern. Wenn keine vollständige Transparenz im Wertschöpfungsnetz vorliegt, so können schon kleine Änderungen bei der Endkundennachfrage bzw. deren Kaufverhalten große Auswirkungen bei den Lieferanten haben, da Bestellmengen und Lagebestände nur zeitverzögert angepasst werden können, was wiederum zu Über- bzw. Unterbeständen führt und damit ineffizient ist.

Ursachen des Peitscheneffekts sind:

- **Falsche Interpretation** bzw. Verarbeitung von Nachfragesignalen
- **Auftragsbündelung** um fixe Kosten bei Bestellungen zu senken oder Mengenrabatte zu erhalten
- **Engpasspoker** durch befürchtete Knappheit (sog. Hamsterkäufe)
- **Preisschwankungen** durch vermutete Nachfrageänderung innerhalb der Lieferkette

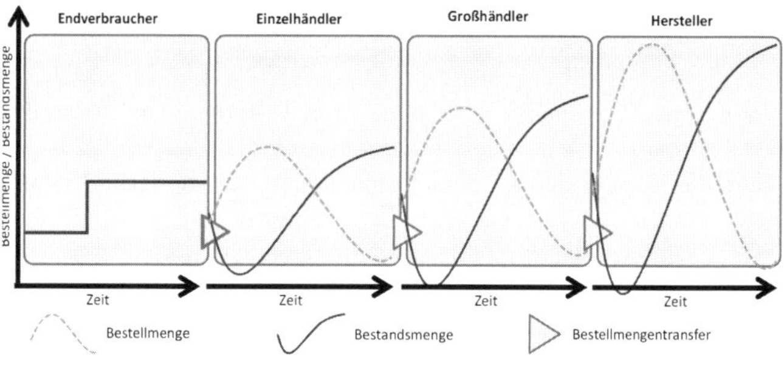


Abbildung 12: Bull-Whip-Effect / Peitscheneffekt

Die drei großen betrieblichen Anwendungssysteme (**ERP**, **CRM**, **SCM**) können bei Bedarf durch weitere betriebliche Anwendungssysteme ergänzt und erweitert werden. Beispielhaft hierfür sollten folgende Systeme genannt werden:

- **Workflow Management Systeme (WfMS)**

- **Dokumenten Management Systeme (DMS)**
- **Knowledge Management Systeme (KMS)**
- **Business Intelligence (BI)**
- **eShops / Webshops**
- **eProcurement / elektronischer Einkauf**
- **Computer Supported Collaborative Work (CSCW)**

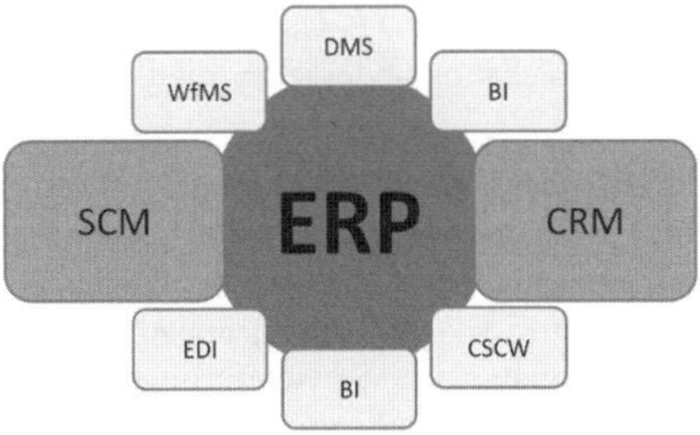


Abbildung 13: ERP System als zentraler Punkt für andere betriebliche Informationssysteme

## Entwicklung betrieblicher Informationssysteme

Während bei vielen großen Unternehmen, die bereits über eine Vielzahl von unterschiedlichen IT-Systemen verfügen, eine Integration und Konsolidierung der vorhandenen Anwendungen im Vordergrund steht (**Enterprise Application Integration (EAI)**), führ(t)en viele kleine und mittelständische Unternehmen erst eine durchgehende, einheitliche IT-Infrastruktur ein (z.B. durch die Implementierung eines umfassenden ERP Systems). Ziel ist aber in beiden Fällen eine vereinfachte Administration der IT-Systeme, eine Reduzierung der damit verbundenen Unternehmensressourcen und eine Konsolidierung der darauf basierenden Geschäfts- und Entscheidungsprozesse.

Aufbauend auf den bereits vorhandenen betrieblichen Anwendungen ergeben sich dann in der Regel IT-Projekte, in denen es um die gezielte Verbesserung einzelner Funktionsbereiche des Unternehmens geht, wie z.B. die Abstimmung weltweiter Liefer- und Produktionsketten (SCM), die Verbesserung des Berichtswesens oder die Intensivierung des Kundenmanagements (CRM). Jedoch werden die betrieblichen Informationssysteme nicht nur auf funktionaler Ebene erweitert, sondern sie werden auch entlang der hierarchischen Strukturen integriert. Viele dieser Systeme bauen auf den operativen Datenbestände der operativen Systeme (vgl. **TPS**) auf und werden als Business Intelligence (**BI**) Lösungen implementiert (vgl. **DSS** und **ESS**). Hinzu kommt oft die Implementierung von elektronischen Kommunikations- und Vertriebswegen zu Kunden und Lieferanten (**E-Business /E-Commerce / CSCW**), z.B. in Form von Portalen, Webshops oder sogar die Unterstützung mobiler Endgeräte.

Daraus ergibt sich in der Wirtschaftsinformatik, und speziell bei der Entwicklung der betrieblichen Informationssysteme, die Herausforderung, dass einzelne Informationssysteme sauber und nahtlos in einander greifen und so eine durchgängige Digitalisierung der Geschäftsprozesse entlang der Wertschöpfungskette erreicht werden kann (**Digitale Transformation**).

Dies lässt sich jedoch meist nur durch eine entsprechende Planung der **Enterprise Architecture (EA)**[15] umsetzten. Mit zunehmender Unternehmensgröße wird diese Aufgabe immer komplexer, da immer mehr organisatorische und technische Anforderungen beachtet werde müssen (vergleichbar mit einem großen Bauvorhaben). Hierzu werden von den Unternehmen entsprechende Frameworks und Methoden eingesetzt, damit eine durchgängige und wertschöpfende Unternehmensarchitektur gewährleistet werden kann. Beispiele für entsprechende Rahmenwerke sind aktuell „**TOGAF**“[16] und aus klassischer Sicht das „**Zachman Framework**“. Entsprechende Modellierungstools (z.B. ARIS, ADOit etc.) unterstützen dabei das Unternehmen bei diesen planerischen Aktivitäten.

## Umsetzung betrieblicher Informationssysteme

Die Erfassung und Modellierung der Anforderungen an das zu erstellende Informationssystem sowie der aktuellen betrieblichen

---

[15] Beschreibt die Planung und das Zusammenspiel von IT und geschäftsrelevanten Tätigkeiten

[16] The Open Group Architecture Framework (TOGAF)

Abläufe stellen somit die erste Phase in der Einführung betrieblicher Informationssysteme dar. Obwohl häufig gewünscht wird, dass man die aktuelle Unternehmensorganisation genau eins zu eins auf die neue Anwendung überträgt, ergibt sich hier die Gelegenheit und Notwendigkeit die bestehenden Abläufe und Organisationen innerhalb des Unternehmens anzupassen, um sie so effizienter gestalten zu können. Dieses fachliche Verständnis ist erforderlich, damit auch das „richtige Problem" mit den passenden Informationssystemen gelöst werden kann. Eine bloße Implementierung eines Informationssystems hätte nur das Resultat, dass ein nicht optimaler oder sogar falscher Prozess für viel Geld digitalisiert wird. Um diese Prozesse entsprechend zu verändern, bedient man sich der Methoden des Geschäftsprozessmanagements. Das **Business Process Reengineering (BPR)** zählt dabei zu den radikalen Methoden und verändert die betrieblichen Prozesse grundlegend (oft mit „**top-down**" Ansatz). Die **Geschäftsprozessoptimierung (GPO)** geht jedoch mit Methoden wie des **Kaizen** oder des **kontinuierlichen Verbesserungsprozess (KVP)** weicher vor und es werden Prozesse eher „**bottom-up**" verändert.[17]

Erst im nächsten Schritt erfolgt die Umsetzung in ein IT-System, wobei die Optionen für die konkrete Implementierung normalerweise sehr vielfältig sind. Sie reichen vom Einsatz von Standardsoftware oder der Entwicklung einer Individualsoftware über die Nutzung einzelner Dienste (**IT-Services**) bis hin zur vollständigen Auslagerung an einen Drittanbieter (**Outsourcing**). Die Entscheidung wird dabei maßgeblich beeinflusst von dem vorhandenen Zeit- und Finanzbudget und inwieweit Standardlösungen bereits verfügbar sind bzw. angepasst werden müssen.

Der Überführung in den produktiven Betrieb geht normalerweise eine intensive Testphase voraus, anschließend geht es vor allem darum die gewünschte Verfügbarkeit und Leistung der Anwendung sicher zu stellen und damit einen möglichst reibungslosen Betrieb zu gewährleisten. Hierzu bedient man sich gerne des IT Service Management (ITSM).[18]

---

[17] Vgl. dazu Etappe 10

[18] Vgl. dazu Etappe 2

## Zwischenstand: Fragen und Antworten

**Bist du fit für die Prüfung?**

Beantworte die folgenden Fragen und finde heraus, ob du die Inhalte dieser Etappe verinnerlicht hast. Die Antworten stehen online für dich bereit. Folge einfach dem QR-Code am Ende des Fragenkatalogs oder dem Link:

**fit-lernhilfen.de/wi/3.htm**

Addiere die Fit-Punktzahlen der korrekt beantworteten Fragen, die in der eckigen Klammer angegeben sind, und notiere diese in der Auswertung am Ende des Buches, um deinen Fitness-Stand später zu errechnen.

**Was unterscheidet ein Anwendungssystem (AS) von einem Informationssystem (IS)?**

[2 Fit-Punkte]

- ☐ Nichts, die Begriffe bedeuten dasselbe.
- ☐ Ein IS ist im Gegensatz zu einem AS auf das Unternehmen ausgerichtet und beachtet dabei die Vorgaben aus Organisation und Managementzielen.
- ☐ Sie unterscheiden sich nur durch das ERP-System.

**Welche Systeme werden oft von der mittleren Managementebene benutzt?**

[3 Fit-Punkte]

- ☐ ESS
- ☐ MIS
- ☐ TPS
- ☐ DSS

**Was bedeutet ERP?**

[2 Fit-Punkte]

- ☐ Executive Representation Program
- ☐ Enterprise Ressource Planning
- ☐ Emergency Reaction Program
- ☐ Enterprise Ressource Program

**Was wird primär mit einem CRM-System unterstützt?**

[3 Fit-Punkte]

- ☐ Lieferantenbeziehung
- ☐ Kundenbeziehung
- ☐ Materialbedarfsplanung
- ☐ Produktionsplanung

**Welchen Zweck erfüllt ein SCM-System?**

[3 Fit-Punkte]

- ☐ Es unterstützt die Supply Capacity Manager
- ☐ Sicherung der Materialversorgung
- ☐ Abschwächung von Informationsverlust entlang der Wertschöpfungskette
- ☐ Pflege der Kundenbeziehung

**Was beschreibt der Bull-Whip-Effect / Peitscheneffekt?**

[3 Fit-Punkte]

- ☐ Bei Einsatz von Druckmitteln gegenüber den Lieferanten reduzieren sich die Materialpreise entsprechend.
- ☐ Er beschreibt einen Aufschaukelungseffekt von Warenbeständen und Preisen.
- ☐ Dass erhöhte Transparenz entlang der Wertschöpfungskette einen positiven Effekt auf Lagerbestände und Preisstabilität hat.

**Dein Punktestand Etappe 3**
**[............... Fit-Punkte]**

# Etappe 4:
# Wettbewerbsvorteile und Wertschöpfung mit Informationssystemen

## Startschuss: Schlagwörter und Prüfungstipps

### Was erwartet mich in dieser Etappe?

In dieser Etappe geht es um die Identifikation von Wettbewerbsvorteilen und Wertschöpfungsmöglichkeiten durch Informationssysteme.

### Welche Schlagwörter lerne ich kennen?

■ Wettbewerbskräftemodell ■ Normstrategien ■ Wertschöpfungskette ■ Strategischer Nutzen ■ Strategische Informationssysteme

### Wofür benötige ich dieses Wissen?

Die Identifikation des strategischen Nutzens von Informationssystemen ist in der heutigen Zeit (Information Age) ein kritischer Erfolgsfaktor für viele Firmen. Die Auswahl des „richtigen" Informationssystems entscheidet oft über den Erfolg eines Unternehmens am Markt.

### Welchen Prüfungstipp kann ich aus dieser Etappe ziehen?

In Prüfungen wird häufig gefordert, dass man den Nutzen eines Informationssystems erklärt. Die in dieser Etappe aufgeführten Methoden dienen dazu, dass man exakt diesen strategischen Nutzen erkennen und beschreiben kann.

**Los geht's!**

## Identifizierung von Wettbewerbsvorteilen und Wertschöpfung

In den vorangegangenen Etappen wurde gezeigt, dass das **Zusammenspiel von IT- und Businessstrategie wichtig** ist, um Informationssysteme effektiv und effizient einzusetzen und an die Unternehmensstrategie anzupassen (**Align**) bzw. die Unternehmensstrategie durch den innovativen Einsatz von Informationssystemen positiv zu beeinflussen (**Enable**).

Damit die IT-Strategie optimal auf das Unternehmen passt, muss bekannt sein, wie sich das Unternehmen am Markt positioniert bzw. welche internen Aktivitäten zur Wertschöpfung beitragen. Die kritische Frage, die sich ein Unternehmen stellen muss, ist: „Wie kann das Unternehmen innerhalb der Branche erfolgreich bestehen?“. Im Kontext der Informationssysteme müsste man diese Frage etwas umformulieren. Für die Wirtschaftsinformatik müsste die Frage daher lauten: „Wie können wir Informationssysteme so nutzen, damit das Unternehmen innerhalb der Branche erfolgreich bestehen kann?“.

Für die beiden unterschiedlichen Fragen müssen jedoch ähnliche Informationen vorliegen. Die wichtigste Information ist daher wie sich die Unternehmensstrategie entwickeln muss, denn sie ist die Grundlage für unsere folgenden Aktivitäten – sowohl bei den operativen Prozessen des Business als auch in der IT. Um die strategischen Stärken und Schwächen eines Unternehmens zu identifizieren werden oft drei Methoden des Wirtschaftswissenschaftlers und Harvard Professors Michael E. Porter verwendet. Diese sind das **Wettbewerbskräftemodell** (Porter’s **5-Forces**) zur Analyse des Marktes, die drei **Normstrategien** (Porter’s **three generic strategies**) zur Ausrichtung des Marktfokus und zu Letzt die **Wertschöpfungskettenanalyse** (Porter’s **Value Chain**) zur Identifizierung von wertschöpfenden Aktivitäten innerhalb des Unternehmens.

Porter’s **Wettbewerbskräftemodell**, **Normstrategien** und **Wertschöpfungskettenanalyse** eignen sich sowohl zur **Bestimmung der Unternehmensstrategie** als auch zur **Bestimmung der IT-Strategie.** Dabei geben das Ergebnis der Analyse des Wettbewerbsmodells und die ausgewählte Normstrategie eine universelle strategische Ausrichtung vor, welche man dann anhand der Wertschöpfungskette und den darin identifizierten strategischen Informationssystemen speziell ausprägen kann.

## Wettbewerbskräftemodell (5-Forces)

Um den Einfluss der Branche eines Unternehmens zu analysieren kann man das **Wettbewerbskräftemodell nach Porter** nützen. Es analysiert quasi die „externe Sicht" auf das Unternehmensmodell und gibt Aufschluss darüber, ob die strategische Ausrichtung eines Unternehmens auf die aktuelle Marksituation passt. Das Modell betrachtet dabei die folgenden **fünf Wettbewerbskräfte** (**5-Forces**):

- Bedrohung durch die **Branche** bzw. bestehende Konkurrenz
- Bedrohung durch mögliche **Neueinsteiger** am Markt
- Bedrohung durch **Ersatzprodukte** und -**dienstleistungen**
- Verhandlungsmacht der **Kunden**
- Verhandlungsmacht der **Lieferanten**

Das Modell der Wettbewerbskräfte ist ein absolut adäquates Mittel, um **strategisch auf äußere Veränderungen zu reagieren** und damit auch die strategische Ausrichtung der IT anzupassen, sofern dies nötig ist. Neben der Reaktion auf Marktveränderungen kann das Modell natürlich auch dafür genutzt werden, um das **Risiko bzw. die Attraktivität eines Markteintritts abzuschätzen**. Es ist jedoch wichtig, dass die Analyse kontinuierlich aktualisiert wird, da sonst Marktänderungen eventuell nicht rechtzeitig bemerkt werden und damit eine Strategieänderung ggf. zu spät erfolgt, was oft in Gewinneinbußen und dem Verlust von Marktanteilen resultiert.

Das folgende Modell soll diese Beziehung der fünf Wettbewerbskräfte etwas verdeutlichen:

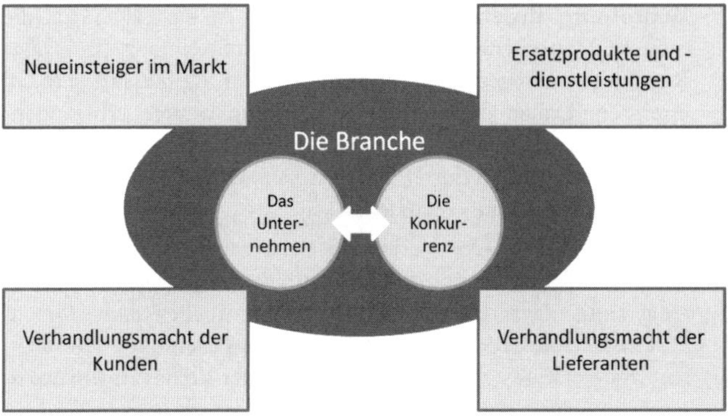


Abbildung 14: Porter's Wettbewerbskräftemodell (in Anlehnung an Porter, M. E. (1985) und Laudon et al. (2015))

Porter's **Wettbewerbskräftemodell (5-Forces)** dient zur Analyse der Marktverhältnisse und lässt ein Unternehmen Rückschlüsse ziehen, wie es sich am Markt positionieren sollte bzw. ob ein Eintritt in den Markt lohnenswert ist, ein eher hohes Risiko birgt und wie die eigenen **strategischen Informationssysteme** bzw. die der Konkurrenz die Marktsituation beeinflussen können.

Wenn man das Wettbewerbsmodell zur Strategieanalyse heranzieht, dann ist es wichtig, dass man alle fünf Kräfte kritisch betrachtet und nach Schwachstellen sowie Stärken untersucht. Das Ergebnis lässt dann Rückschlüsse zu, wie Informationssysteme zur Verteidigung von Stärken bzw. Beseitigung von Schwächen eingesetzt werden können. Ein sehr vereinfachtes Beispiel aus der Energiewirtschaft in Deutschland (Stromerzeuger) soll dies verdeutlichen:

- **Analyse der Branche**: Eine zentrale Frage könnte hier sein, wie aggressiv sich die Unternehmen innerhalb einer Branche verhalten. So ist z.B. die Energiewirtschaft mit nur wenigen großen Unternehmen und eher stark gesicherten Marktanteilen überwiegend defensiv und abwartend (Oligopol, nur Unternehmen mit Infrastruktur vor Ort (Stromnetze, Umspannwerke etc.)).

- **Bedrohung durch Neueinsteiger**: Es ist sicherlich für die meisten Menschen bzw. Unternehmen nicht einfach ein großes Kernkraft-, Wasserkraft-, Windkraft- oder Kohlekraftwerk zu errichten. Daher ist die Bedrohung durch weitere ernstzunehmende Energieunternehmen eher gering. Eine gewisse Bedrohung könnte jedoch durch die Masse an kleinen Photovoltaikanlagen der Privatleute entstehen.
- **Ersatzprodukte**: Der Verbraucher hat momentan schlichtweg keine wirklichen Ersatzprodukte, auf die er verlässlich ausweichen kann. Zwar kann man als Endverbraucher seinen Strom teilweise selbst produzieren und den Energielieferanten auswählen, aber ersteres sichert leider keine verlässliche Stromversorgung und auch der gewählte Stromanbieter muss den Großteil seines Stroms von den großen Energieunternehmen beziehen.
- **Verhandlungsmacht der Kunden**: Gering, da es keine Alternativen gibt und man heute nur schwer auf Strom verzichten kann. Lediglich der günstigste Stromanbieter kann gewählt werden, was jedoch bei einem Oligopol nur wenig Einfluss hat, oft ist der Aufwand den Stromanbieter zu wechseln höher als die Ersparnis.
- **Verhandlungsmacht der Lieferanten**: Ebenfalls gering. Wind und Wasser stehen den Energieunternehmen mehr oder weniger „frei“ zur Verfügung, sofern sie die Anlagen selbst betreiben. Kohlekraftwerke werden stark subventioniert, um Arbeitsplätze zu sichern. Uran ist seit der Energiewende kein Thema mehr für Deutschland. Hinzu kommt, dass man Strom ggf. auch importieren kann (z.B. aus Frankreich) und „überschüssiger“ Strom der Wind-, Wasser- und Solarkrafthersteller sehr günstig an der Energiebörse gehandelt werden kann.

Was bedeutet diese Analyse? Die Analyse der Wettbewerbskräfte zeigt, dass es keinen großen Druck in dieser Branche gibt, da weder die Konkurrenz, noch Kunden oder Lieferanten sehr aggressiv sind und Druck ausüben könnten. Weiterhin gibt es keine Ersatzprodukte, die das Unternehmen bedrohen könnten. Es existiert einzig die Bedrohung durch privatbetriebene Photovoltaikanlagen. Für ernstzunehmende Neueinsteiger ist eine Investition vermutlich zu hoch, da eine entsprechende Infrastruktur erst erstellt werden muss.

Welche Bedeutung hat das Ergebnis der Analyse auf den Einsatz von Informationssystemen? Um den Markt für die privaten Neueinsteiger unattraktiver zu machen, kann man davon ausgehen, dass man den Kostendruck zunächst etwas erhöhen möchte oder den Endverbrauchern Services anbieten will, die ein privater Photovoltaikanlagenbetreiber nicht realisieren kann (vgl. dazu die Normstrategien der Kostenführerschaft und der Differenzierung). Mit einer solchen Strategie könnte man diese Neueinsteiger evtl. in eine ungünstige Lieferantenrolle drängen bzw. sie wieder aus dem Markt verdrängen, ohne gewaltige Verluste in Kauf nehmen zu müssen. D.h., dass man in der IT-Strategie sowohl auf kostenmindernde Informationssysteme setzen sollte als auch strategisch Informationssysteme identifizieren sollte, die dem Unternehmen einen langfristigen Wettbewerbsvorteil durch Differenzierung bieten.

> Hier wäre z.B. das „**Smart Grid**“[19] als Lösung anzuvisieren, da es dem Stromerzeuger hilft den Stromverbrauch mit Hilfe von Analysemethoden vorherzusagen, damit man nur dann Strom erzeugt bzw. zukauft, wenn dieser auch benötigt wird. Außerdem bekommt der Endverbraucher eine technische Lösung, welche ihm hilft, seinen Stromverbrauch detailliert zu überwachen und damit gegebenenfalls zu sehr günstigen Nebenzeiten seinen Strom beziehen kann, was u.U. attraktiver für ihn ist, als den Strom selbst zu produzieren.

## Normstrategien

Sofern die äußeren Einflüsse der Branche bekannt sind (z.B. aus dem Modell der Wettbewerbskräfte), kann man eine Marktstrategie festlegen, welche für das Unternehmen am attraktivsten erscheint. Porter hat hierfür drei Normstrategien identifiziert:

- **Kostenführerschaft**
- **Differenzierung**
- **Fokussierungsstrategie**

---

[19] Ein Smart Grid stellt ein intelligentes Stromnetz dar, welches die einzelnen Infrastrukturkomponenten eins Stromnetzes mit Informationssystemen verknüpft und so entsprechenden Analysen zur Optimierung der Energieversorgung zulässt.

Welche der Strategien gewählt werden, hängt vom Markt und den Möglichkeiten des Unternehmens ab. Die Kostenführerschaft und die Differenzierung zielen dabei eher auf einen breiten Markt ab, die Fokussierung beschränkt sich eher auf Nischenmärkte. Es gibt daher vier Standardszenarien für die Anwendung der Normstrategien nach Porter. Die folgende Abbildung verdeutlicht die Wahl der Normstrategie und liefert greifbare Beispiele.

Abbildung 15: Normstrategien nach Porter

- **breiter Markt – niedrige Preise**: Kostenführerschaft
- **breiter Markt – hohe Preise**: Differenzierung
- **beschränkter Markt – niedrige Preise**: Fokussierung auf bestimmtes Produktspektrum und Klientel, jedoch liegt der Schwerpunkt auf günstigen Produkten
- **beschränkter Markt – hohe Preise**: Fokussierung auf bestimmtes Produktspektrum und Klientel, jedoch liegt der Schwerpunkt auf eher knappen und sehr exklusiven Gütern

Die **Normstrategien** nach Porter (**Kostenführerschaft, Differenzierung, Fokussierungsstrategie**) geben wertvollen Input für die **Ausrichtung der IT-Strategie** und der **Informationssystemarchitektur**.

Eine klare Kommunikation der angestrebten Normstrategie hilft bei der Ausrichtung der IT-Strategie sowie der Planung der passenden Informationssystemarchitektur. Wenn das Ziel des Unternehmens deutlich ist, können IT-Investitionen in eine bestimmte Richtung gelenkt werden. So können z.B. bei der Wahl der Kostenführerschaft verstärkt kostensenkende IT-Initiativen priorisiert werden (z.B. die Automation des Bestellwesens (vgl. **dazu Supply Chain Management**), **Customer Self-Service**, Standardisierung etc.) und bei der Differenzierung verstärkt nach innovativen, aber evtl. riskanten Informationssystemen gesucht werden.

## Wertschöpfungskettenanalyse

Unternehmen realisieren Profite, indem sie (Roh-)Materialien und Ressourcen in einem Verarbeitungsprozess so einsetzen, dass dadurch Produkte oder Services entstehen, die dem Kunden einen Mehrwert bieten. Zentraler Punkt ist daher, neben der Wahl der (Roh-)Materialien und Ressourcen, das **Geschäftsprozessmanagement** eines Unternehmens. Nur wenn Prozesse sauber definiert und durchdacht sind, kann ein Produkt bzw. Service gewinnbringend angeboten werden.[20]

Ein Prozess ist eine Reihenfolge zusammenhängender Aktivitäten, er muss wiederholbar sein, einen definierten Input sowie Output haben, wertschöpfend sein und sich möglichst am Kunden ausrichten. Der Geschäftsprozess ist daher wie ein „Kochrezept" zu verstehen – je besser das Rezept (Prozess) und die Zutaten (Materialien und Ressourcen) sind, umso besser ist das Endergebnis.

Es ist daher nicht verwunderlich, dass Geschäftsprozesse am Ziel des Unternehmens ausgerichtet werden sollten, damit ein möglichst

[20] Vgl. dazu Etappe 10

positives Ergebnis erzielt wird[21]. Definierend für das Ziel eines Unternehmens ist dessen Strategie, welche wiederum durch die fünf Wettbewerbskräfte in der Branche und von der gewählten Normstrategie beeinflusst werden. Die Geschäftsprozesse sollten daher effektiv und effizient gestaltet werden, um einen Mehrwert und Wettbewerbsvorteile zu schaffen.

Michael Porter sieht ein Unternehmen daher als eine Aneinanderreihung von wertschöpfenden Geschäftsprozessen, welche übergreifend – über die verschiedenen Abteilungen und Funktionen hinweg – harmonisiert werden müssen, um ein Produkt oder einen Service zu schaffen. Um die Möglichkeiten der Wertschöpfung eines Unternehmens zu identifizieren bzw. zu optimieren, hat Porter sein Modell der **Wertschöpfungskettenanalyse** (**Porter's Value Chain**) entwickelt.

Die Wertschöpfungskettenanalyse ist daher ein nützliches Tool, um festzustellen, wie man für den Kunden den größtmöglichen Mehrwert generieren kann. Das Ziel der Wertschöpfungskette ist zum einen, Prozesse zu identifizieren, welche entweder (noch) nicht wertschöpfend funktionieren und damit Verbesserungspotential bieten oder aber abgeschafft werden müssen (vgl. **Prozessoptimierung** bzw. **Business Process Reengineering**) und zum anderen Prozesse zu identifizieren, welche zusätzlichen Mehrwert schaffen können und so evtl. sogar zu Wettbewerbsvorteilen für das Unternehmen führen. Es geht daher konkret um Kostenreduzierung bzw. Differenzierung, womit wiederum die **Normstrategien** entsprechend unterstützt werden können.

Da heutzutage quasi jeder Geschäftsprozess mit Informationssystemen unterstützt wird, ist Porter's Value Chain eine exzellente Methode, um strategisch wertvolle Informationssysteme zu identifizieren. Inwieweit sich die Geschäftsprozesse eines Unternehmens mit Informationssystemen optimieren lassen, hängt selbstverständlich auch von der Branche ab. Ein typisches, klein- bzw. mittelständisches Produktionsunternehmen (z.B. eine Schreinerei) wird sicherlich weniger von Informationssystemen profitieren wie z.B. eine global agierende Hotelkette, welche mit genaueren Informationen über seine Kunden (vgl. **Customer Relationship Manage-**

---

[21] Vgl. dazu auch das EWIM-Modell aus Etappe 2

**ment Systeme (CRM)**) seine Services gravierend verbessern kann und somit den Mehrwert für den Kunden erhöht und diesen langfristig an sich bindet. Ebenso werden in den unterschiedlichen Branchen Verbesserungen in verschiedenen Bereichen der Wertschöpfungskette mehr oder weniger zur Wertschöpfung beitragen. So ist z.B. in stark produktionsorientierten Unternehmen die Mehrwertschaffung im Bereich der Materialbeschaffung bzw. der Produktion zu erwarten, aber in Dienstleistungsunternehmen machen oft Verbesserungen in den Bereichen der Distribution und des Kundenservices mehr Sinn.

Die **Wertschöpfungskettenanalyse nach Porter (Porter's Value Chain)**, ist ein geeignetes Mittel, um die internen Prozesse eines Unternehmens auf **Optimierungspotentiale** durch Informationssysteme zu untersuchen. Dabei werden Chancen und Risiken von Informationssystemen für die einzelnen **primärwertschöpfenden Aktivitäten** und **unterstützenden Aktivitäten** untersucht. Dabei identifizierte stark wertschöpfungssteigernde Informationssysteme werden auch als **strategische Informationssysteme** bezeichnet.

Abbildung 16 verdeutlicht den Aufbau und die Elemente der Wertschöpfungskette und zeigt beispielhaft, welche Informationssysteme in bestimmten Bereichen einen Mehrwert schaffen könnten. Je nach Analysezweck können die einzelnen Aktivitäten weiter unterteilt oder erweitert werden, womit man die Wertschöpfungskette auf ein Unternehmen anpassen kann.

Die Wertschöpfungskette ist in zwei Kategorien aufgeteilt: „unterstützende Aktivitäten“ und „primäre Aktivitäten. Die **primären Aktivitäten** sind im unteren Teil der Wertschöpfungskette zu finden und stehen für die Geschäftsprozesse der Eingangslogistik, Produktion, Vertrieb & Marketing, Ausgangslogistik und des Kundenservice. Diese Aktivitäten werden deshalb als primärwertschöpfend bezeichnet, weil sie aktiv zum Produkt oder der Dienstleistung beitragen.

- **Eingangslogistik**: Bezieht sich auf die Einlagerung von Materialien bzw. die Bereitstellung von Ressourcen und liefert diese bei Bedarf an die Produktion.

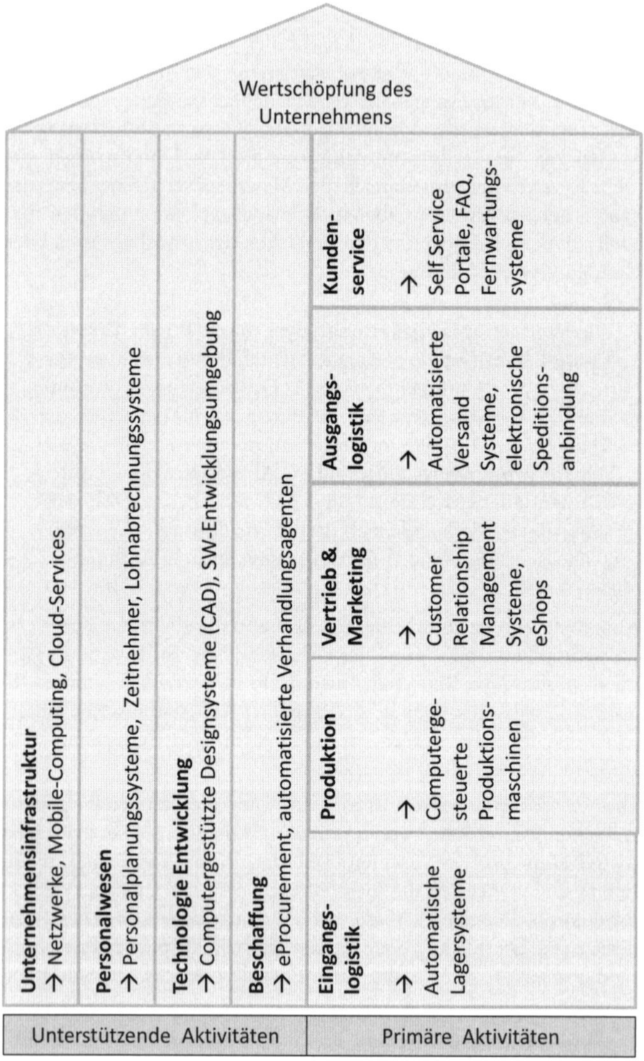


Abbildung 16: Wertschöpfungskette (in Anlehnung an Porter (1985))

- **Produktion**: Wandelt die Materialien bzw. Ressourcen in Produkte oder Services eines Unternehmens.
- **Vertrieb & Marketing**: Bewirbt die Produkte bzw. die Services, kümmert sich um die Preisgestaltung und verkauft diese an den Kunden.
- **Ausgangslogistik**: Kümmert sich um die Auslieferung des Produkts oder des Services.
- **Kundenservice**: Kümmert sich um den After-Sales-Bereich und gibt entsprechenden Support zum gekauften Produkt oder Service.

Die **unterstützenden Aktivitäten** sind im oberen Teil der Wertschöpfungskette zu finden und ziehen sich quasi komplett durch diese. Sie werden als unterstützendwertschöpfend bezeichnet, da sie keinen direkten Mehrwert für das Produkt liefern, aber einen positiven Beitrag zu den primärwertschöpfenden Aktivitäten leisten können. So unterstützt z.B. das Personalwesen, indem es geeignete Mitarbeiter für die primären Aktivitäten findet.

- **Unternehmensinfrastruktur**: Dies beinhaltet die Organisationsstrukturen, Rechtsform, Gebäudetopologie, Versorgungssysteme (Strom, Wasser, IT-Netzwerke) etc.
- **Personalwesen**: Kümmert sich um Personalangelegenheiten (Trainings, Einstellungen, Gehalt etc.)
- **Technologische Entwicklung**: Ist für die technologische Wieterentwicklung zuständig. Z.B. fällt hier die IT- oder die Forschungs- und Entwicklungsabteilung darunter.
- **Beschaffung**: Verhandelt mit Lieferanten und besorgt entsprechend benötigte Güter und Ressourcen, welche dann die Eingangslogistik einlagert und verwaltet.

Um die Wertschöpfungsanalyse durchzuführen, sollten als erstes die Bereiche identifiziert werden, welche potenziell den meisten Mehrwert für den Kunden liefern. Dies kann z.B. mit Umfragen im Betrieb und bei den Kunden geschehen. Wenn die Bereiche identifiziert sind, dann sollten diese anhand der **Geschäftsprozessanalyse** genauer betrachtet werden, denn so können Verbesserungspotentiale detaillierter identifiziert werden und Vergleiche mit **IST- und SOLL-Prozess** können auch den wirtschaftlichen Nutzen einer Veränderung transparenter aufzeigen[22]. Sind Potenzial und Kosten der möglichen Informationssystemimplementierung bekannt, so können diese anhand der strategischen Ziele und der zur Verfügung stehenden personellen bzw. monetären Kosten in einem Informationssystemportfolio priorisiert werden. Die Methode der **IS-Portfolio-Erstellung**[23] unterstützt dabei, dass die zur Verfügung stehenden Ressourcen möglichst effektiv und effizient eingesetzt werden, sodass die strategischen Ziele des Unternehmens bestmöglich von den ausgewählten Informationssystemen unterstützt werden und somit das Paradigma des „**Align**" und „**Enable**" umgesetzt wird.

**Porter's Wertschöpfungskettenanalyse** kann in Verbindung mit der **Geschäftsprozessanalyse** strategisch wichtige Investitionen in Informationssystem identifizieren.

## Zwischenstand: Fragen und Antworten

**Bist du fit für die Prüfung?**

Beantworte die folgenden Fragen und finde heraus, ob du die Inhalte dieser Etappe verinnerlicht hast. Die Antworten stehen online für dich bereit. Folge einfach dem QR-Code am Ende des Fragenkatalogs oder dem Link:

**fit-lernhilfen.de/wi/4.htm**

Addiere die Fit-Punktzahlen der korrekt beantworteten Fragen, die in der eckigen Klammer angegeben sind, und notiere diese in der Auswertung am Ende des Buches, um deinen Fitness-Stand später zu errechnen.

---

[22] Vgl. dazu Etappe 10

[23] Vgl. dazu Etappe 5

**Welche Elemente hat das Wettbewerbskräftemodell nach Porter?**

[2 Fit-Punkte]

- ☐ Stärken, Schwächen, Chancen, Risiken
- ☐ Bedrohung durch Branche, Bedrohung durch Neueinsteiger, Bedrohung durch Ersatzprodukte, Verhandlungsmacht der Kunden, Verhandlungsmacht der Lieferanten
- ☐ Cash Cows, Dogs, Stars, Question Marks
- ☐ Unternehmensinfrastruktur, Personalwesen, Technologie, Entwicklung, Beschaffung, Eingangslogistik, Produktion, Vertrieb & Marketing, Ausgangslogistik, Kunden-Service

**Was versucht man mit der Wertschöpfungskette nach Porter zu analysieren?**

[3 Fit-Punkte]

- ☐ Man versucht Optimierungspotenzial innerhalb des Unternehmens zu finden.
- ☐ Man macht eine Kundensegmentanalyse.
- ☐ Man versucht im IT-Umfeld strategische Informationssysteme zu identifizieren.
- ☐ Man kann damit ein vollständiges Customer Relationship Management System designen.

**Welche Gruppierungen von Aktivitäten gibt es in der Wertschöpfungskette nach Porter?**

[3 Fit-Punkte]

- ☐ Primärwertschöpfende Aktivitäten
- ☐ Unterstützende Aktivitäten
- ☐ Globale Aktivitäten
- ☐ Dezentrale Aktivitäten

**Welche Normstrategien nach Porter gibt es?**

[2 Fit-Punkte]

☐ Kostenführerschafts-, Differenzierungs-, Fokussierungsstrategie

☐ Up-Normstrategie, DIN-Normstrategie, Universalnormstrategie

☐ Kundennorm-, Lieferantennorm- und Personalnormstrategie

☐ Grenznormkostenstrategie, Fixnormkostenstrategie, Variablennormkostenstrategie

**Was versucht man mit der IS-Portfolio-Erstellung zu erreichen?**

[3 Fit-Punkte]

☐ Man versucht damit die billigsten Informationssysteme zu identifizieren und zu implementieren

☐ Die Portfolioerstellung dient dazu die Unternehmensstrategie abzuändern

☐ Es ersetzt die Wertschöpfungskettenanalyse

☐ Den bestmöglichen Einsatz von möglichen Informationssystemen herauszufinden, indem man diese anhand von Kosten, Risiken und Ressourcen priorisiert

**Dein Punktestand Etappe 4**
**[............... Fit-Punkte]**

# Etappe 5: Strategische Informationssysteme und ihre Auswirkungen auf die Unternehmensorganisation

## Startschuss: Schlagwörter und Prüfungstipps

### Was erwartet mich in dieser Etappe?

In dieser Etappe geht es darum die Auswirkungen von Informationssystemen auf die Unternehmensorganisation darzustellen.

### Welche Schlagwörter lerne ich kennen?

■ Geschäftsmodelle ■ Wettbewerbsvorteil ■ Alleinstellungsmerkmale ■ Kostenvorteile ■ Hierarchien ■ Business Model Canvas ■ Agency Theorie ■ Transaktionskosten-Theorie ■ Agile und virtuelle Organisationsstrukturen ■ Computer Supported Collaborative Work (CSCW) ■ Kundenorientierte Massenfertigung (Konfiguratoren) ■ IS-Portfolio Management

### Wofür benötige ich dieses Wissen?

Durch Informationssysteme werden Unternehmen und sogar ganze Branchen verändert. Die vorliegende Etappe zeigt typische Bereiche und Veränderungsmöglichkeiten.

### Welchen Prüfungstipp kann ich aus dieser Etappe ziehen?

In Prüfungen wird häufig gefordert, dass man die Auswirkungen von Informationssystemen auf Unternehmen kennt und diese bewerten kann. In dieser Etappe werden daher die entsprechenden Theorien und Bereiche beschrieben.

**Los geht's!**

## Geschäftsmodelländerungen durch strategische Informationssysteme

Die in der vorherigen Etappe aufgeführten Methoden (z.B. Wettbewerbskräftemodell und Wertschöpfungskette) ermöglichen uns **strategisch wichtige Informationssysteme** bzw. deren mögliche

Einsatzgebiete zu identifizieren. Als strategisches Informationssystem wird in der Wirtschaftsinformatik ein System bezeichnet, welches dem Unternehmen einen **Wettbewerbsvorteil** verschafft oder ein Zurückfallen im Wettbewerb verhindert, indem es entweder ein **Alleinstellungsmerkmal** schafft oder gravierende **Kostenvorteile** mit sich bringt und man so die Konkurrenz unter Druck setzen kann.

Die Implementierung von strategischen Informationssystemen bringt in der Regel größere Änderungen mit sich. Sogenannte **Disruptive Technologien** können sogar Veränderungen ganzer Branchen nach sich ziehen. So hat der Siegeszug des Internets mit die größten Auswirkungen gezeigt, indem komplette Branchen ihr **Geschäftsmodell** geändert haben bzw. ändern mussten.

Ein Geschäftsmodell wird oft auch als „Geschäftskonzept" oder „**Business Model**" bezeichnet, es beschreibt daher:

- Was ein Unternehmen an **Waren oder Dienstleitungen anbietet**
- Wie diese **Waren oder Dienstleistungen geschaffen** werden
- Wie diese **Waren oder Dienstleistungen vermarktet** werden
- Wie dadurch entstehenden **Erträge realisiert** werden
- Wie diese **Erträge verteilt oder reinvestiert** werden

Für ein Unternehmen ist es wichtig, dass die Nachhaltigkeit eines Geschäftsmodells sichergestellt ist, damit sich Investitionen rentabilisieren können (**Return on Investment** (**ROI**)[24]) und damit das Unternehmen auch langfristig am Markt bestehen kann und Gewinne abwirft. Kräfteverschiebungen innerhalb der Branche, welche unter anderem durch Informationssysteme hervorgerufen werden können, müssen daher ständig überwacht werden, um auf neue Marktsituationen reagieren zu können.

So hat sich zum Beispiel der Kauf von Elektronikartikeln gravierend geändert. In früheren Zeiten wurden diese in der Regel beim Fachhändler gekauft. Mit dem Aufkommen der Elektronikgroßmärke wurden diese jedoch oft verdrängt, da die großen Unter-

---

[24] Auch Kapitalrentabilität genannt. Es ist eine betriebswirtschaftliche Kennzahl zur Messung der Rendite einer unternehmerischen Tätigkeit.

nehmen anhand der höheren Stückzahlen billiger einkaufen konnten und außerdem ihre Prozesse oft wesentlich effizienter waren. Mit dem Siegeszug des Internet und dem Aufkommen von digitalen Handelsplattformen (z.B. Amazon), Bieterportalen (z.B. eBay) und eigenen eShops von Herstellern und Resellern wurden jedoch auch wieder diese Großmärkte massiv unter Druck gesetzt, da nun eine Artikelbestellung nur einen „Klick entfernt" ist. Mit den Mitteln des **E-Commerce**[25] konnten selbst vermeintlich kleine Unternehmen und Quereinsteiger nun Millionen von potenziellen Kunden bedienen. Im Vergleich zum Kauf von Immobilien (z.B. für Verkaufsflächen und Läger) sind die Investitionskosten in Informationssysteme eher gering, was die Markteintrittsbarrieren für neue Konkurrenten stark sinken lässt und damit zu einem verschärften Konkurrenzkampf führen kann. Bei einer vollständigen Digitalisierung des Bestell- und Beschaffungsprozesses entlang des Wertschöpfungsnetzes (also vom Kunden bis zu den involvierten Lieferanten) durch entsprechende **Supply Chain Management (SCM)** und **Workflow Management Systeme (WfMS)**, können sogar die Lagerkosten gänzlich eingespart werden, da Produkte direkt und „**just-in-time**" vom eigenen Lieferanten an die Kunden gesendet werden.

Osterwalder und Pigneur (2013), haben zur **Geschäftsmodellgenerierung** (**Business Model Generation**) ein Template entwickelt, welches die wichtigsten Elemente eines Geschäftsmodells aufzeigt und welche damit entsprechend bewertet werden können.

Gerade in der heutigen Zeit ändern sich die Geschäftsmodelle der Unternehmen wesentlich schneller als noch vor der Zeit des Internets. Dieser Veränderungsprozess wird auch als „**Digitale Transformation**" bezeichnet und betrifft sowohl große als auch kleine und mittelständische Unternehmen. Es ist deshalb notwendig sein Geschäftsmodell entsprechend zu überprüfen, gegebenenfalls zu überdenken und den strategischen Einsatz von Informationssystemen in Betracht zu ziehen, damit Marktanteile nicht verschenkt werden.

---

[25] Vgl. dazu Etappe 6

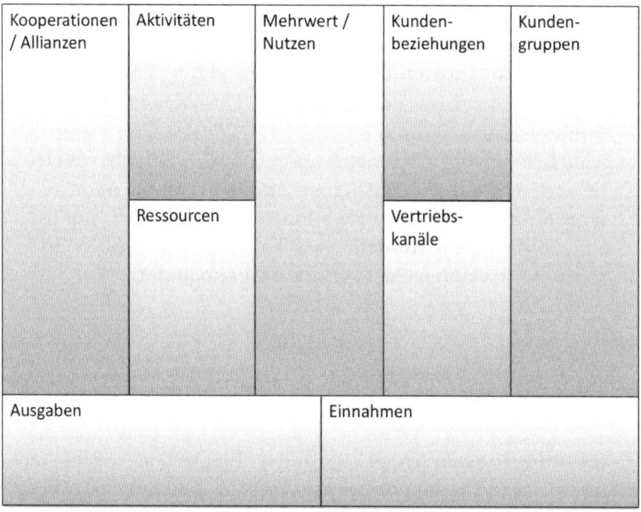


Abbildung 17: Vereinfachte Form des Business Model Canvas nach Osterwalder und Pigneur (2013)

Aus Sicht der Wirtschaftsinformatik hilft der **Business Model Canvas** und dessen Ergänzung der **Value Proposition Canvas** nach Osterwalder und Pigneur einem Unternehmen dabei, den strategischen Einfluss von Informationssystemen auf ein Geschäftsmodell zu analysieren. So wird z.B. durch diese Methode klar, wie ein Informationssystem neue Services für den Kunden generiert (Mehrwert / Value Proposition) oder wie es die Zusammenarbeit mit Geschäftspartnern und die Kundenbindung stärkt.

Unternehmen, welche zum Beispiel den strategische Mehrwert des Internets für ihr Geschäftsmodell erkannt hatten, konnten sich oft sehr schnell am Markt etablieren (**Technology Leader-Strategie**) und wurden zu einer ernstzunehmenden Konkurrenz der bestehenden Unternehmen in der Branche, welche dann nur noch auf die geänderten Bedingungen reagieren konnten, um nicht noch mehr Marktanteile zu verlieren (**Follower-Strategie**). Die Änderung von Geschäftsmodellen ist jedoch nur ein Aspekt von strategischen Informationssystemen – viel öfter haben sie direkten Einfluss auf die Unternehmensorganisation, welche auf zwei Ansätze der **neuen Institutionenökonomik** zurückzuführen ist. Dies sind die **Transaktionskostentheorie** und die **Agency-Theorie**.

**Strategische Informationssysteme** können entscheidend zum Erfolg eines Unternehmens beitragen und dabei **Wettbewerbsvorteile** durch **Alleinstellungsmerkmale** und **Kostenreduktion** erreichen. Sie können damit direkten Einfluss auf das **Geschäftsmodell** eines Unternehmens haben und sogar die Strukturen einer ganzen **Branche ändern**.

## Transaktionskostentheorie

**Transaktionskosten** entstehen durch Tätigkeiten, welche nicht direkt mit der Produktion einer Ware in Verbindung gebracht werden können (z.B. Informationssuche, Verhandlungsführung, Überwachung etc.). Vereinfacht gesagt, beschreibt die Transaktionskostentheorie, dass jegliches Handeln in einer Marktwirtschafts (Transaktions-)Kosten verursacht. Es zeigte sich, dass große Unternehmen diese Transaktionen oft effizienter gestalten konnten als kleine Unternehmen, da sich zum Beispiel Mitarbeiter mehr auf spezielle Tätigkeiten konzentrieren konnten, besser vernetzt waren und so Informationsflüsse reibungsloser abgelaufen sind.

Durch den Einsatz von Informationssystemen können diese Transaktionskosten nun sogar unabhängig von der Unternehmensgröße gesenkt werden, da Informationssysteme eben diese Tätigkeiten automatisieren oder zumindest vereinfachen können. So verursacht zum Beispiel ein vollautomatisches Bestellsystem ungefähr die gleichen Transaktionskosten in einem Kleinunternehmen wie in einem großen Betrieb, da nun das System zum „Spezialisten" wird. Abbildung 18 soll dieses Verhalten etwas genauer verdeutlichen. Durch Informationssysteme verschiebt sich die Kostenkurve T1 nach T2.

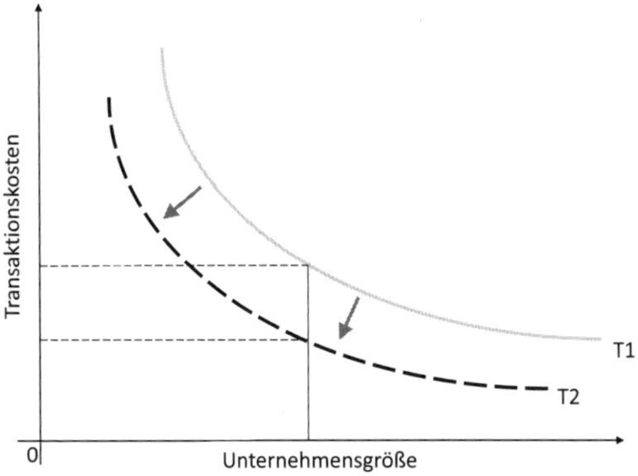


Abbildung 18: Einfluss der IS auf die Transaktionskosten

Ziel ist es daher Transaktionskosten verursachende Geschäftsprozesse zu optimieren, sodass diese möglichst schneller und kostengünstiger ablaufen können, wie im folgenden Beispiel verdeutlicht werden soll.

Es ist für die Wirtschaftsinformatik daher wichtig zu erkennen, wo hohe Transaktionskosten im Unternehmen entstehen, damit diese ggf. durch den Einsatz von Informationssystemen gesenkt werden können. Somit wäre man gegenüber seiner Konkurrenz effizienter und kann diese, z.B. durch die Unterstützung der Strategie der Kostenführerschaft, unter Druck setzen.

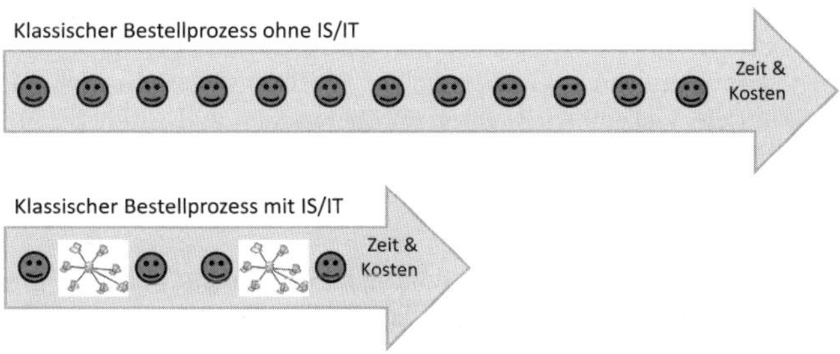


Abbildung 19: IT-unterstützte Prozesse bedeuten in der Regel geringe Transaktionskosten und werden ggf. sogar ein Alleinstellungsmerkmal des Unternehmens

Die **Transaktionskostentheorie** besagt, dass alle Tätigkeiten innerhalb einer Marktwirtschaft Kosten verursachen. Große Unternehmen könne teilweise Prozesse durch Spezialisierung von Mitarbeitern effektiver gestalten und damit die Transaktionskosten senken. Informationssysteme können diese Kosten aber auch ohne Wachstum senken, wodurch die komplette Kostenkurve verschoben werden kann.

## Agency-Theorie

Die **Agency-Theorie** beschreibt, dass je größerer ein Unternehmen wird oder ist (und damit in der Regel auch mehr Mitarbeiter hat) die **Agency-Kosten** entsprechend ansteigen. Agency-Kosten beschreiben daher Kosten, die entstehen, um Mitarbeiter zu überwachen und zu koordinieren. Die Agency-Theorie geht dabei davon aus, dass ein Mitarbeiter oder Auftragnehmer (in dem Fall als **Agent** bezeichnet) Eigeninteressen verfolgt, welche nicht zwingend mit den Unternehmensinteressen übereinstimmen. So lesen manche Mitarbeiter zum Beispiel ohne entsprechende Überwachung währen der Arbeitszeit ihre privaten Emails und sind in der Zeit nicht wertschöpfend für das Unternehmen tätig.

Um dies möglichst zu vermeiden, müssen Agenten durch **Prinzipale** (z.B. Auftraggeber, Eigentümer) überwacht werden. Mit steigender Mitarbeiterzahl mussten hierfür jedoch in der Vergangenheit entsprechende Hierarchien im Unternehmen eingeführt werden (z.B. Teamleiter, Gruppenleiter, Abteilungsleiter, Bereichsleiter), um die Vielzahl an Agenten zu überwachen und zu koordinieren. Die Kosten, die durch solche Hierarchien entstehen, bilden jedoch keinen Mehrwert für das zu erstellende Produkt bzw. den angebotenen Service.

Ohne entsprechende Informationssysteme können Manager nur wenige Mitarbeiter führen, da die dazu nötigen Informationen nicht automatisiert bereitgestellt werden können. Mit Informationssystem können jedoch weitaus mehr Mitarbeiter überwacht und motiviert werden, was weniger Kosten verursacht. Z. B. können Systeme zur besseren Kommunikation (Video-Conferencing, Chats, Wikis etc.)

und Überwachungssysteme (z.B. GPS-Daten bei Fahrern, Zeiterfassung, Stückzahlen etc.) eingesetzt werden.

Abbildung 20 verdeutlicht dies und zeigt, dass die Kostenkurve durch Informationssysteme von A1 nach A2 verschoben werden kann.

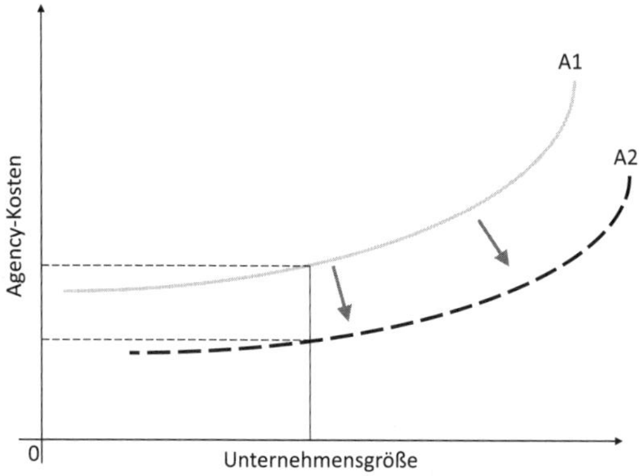


Abbildung 20: Einfluss der IS auf die Agency-Kosten

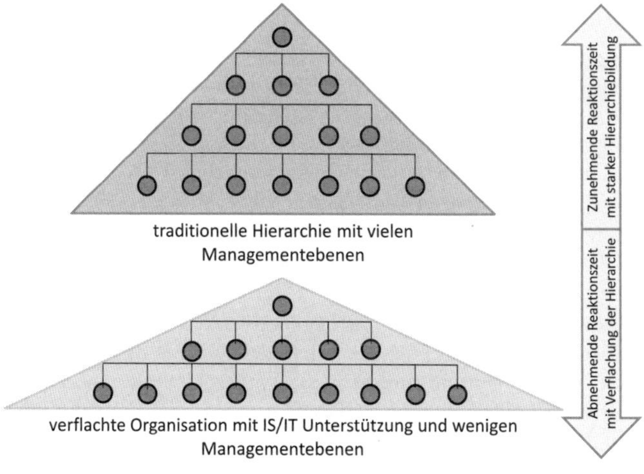


Abbildung 21: Einfluss von IS auf Hierarchien

Ziel ist es, mit entsprechenden Informationssystemen Agency-Kosten zu senken, Hierarchien zu verflachen und damit schneller auf Marktsituationen und Kundenwünsche reagieren zu können.

Abbildung 21 verdeutlicht den Einfluss von Management Informationssystemen (MIS) auf Hierarchieebenen und die Reaktionszeit auf Marktbedingungen.

Die **Agency-Theorie** besagt, dass mit steigender Unternehmensgröße und damit mit steigender Mitarbeiterzahl auch die **Agency-Kosten** ansteigen, da **Agenten** (Mitarbeiter) von **Prinzipalen** (Auftraggebern, Eigentümern) überwacht werden müssen, was zu relativ **vielen Hierarchieebenen** führt und damit vermehrt Kosten im mittleren Management verursacht. Informationssysteme können dabei helfen die Kosten zu senken, indem einzelne Manager nun mehr Mitarbeiter überwachen können und damit **flachere Hierarchien** entstehen und Agenten effizienter arbeiten.

## Agile und virtuelle Organisationsstrukturen

Strategische Informationssysteme können nicht nur Einfluss auf Transaktionskosten und Agency-Kosten eines Unternehmens haben, sondern dessen Organisationsstruktur und die Wertschöpfungsprozesse radikal verändern. So wird es in Zeiten der Globalisierung immer wichtiger, nicht nur als einzelnes Unternehmen auf die Herausforderungen des Marktes vorbereitet zu sein, sondern auch, dass ganze **Wertschöpfungsnetze** agil und dennoch koordiniert auf Marktveränderungen und Kundenwüsche reagieren können.

Als Wertschöpfungsnetz wird ein vernetztes System von Geschäftspartnern bezeichnet, die sich innerhalb einer Branche aufeinander abstimmen und ihre Prozesse synchronisieren, um gemeinsam schnell auf geänderte Marktbedingungen reagieren zu können und den Kunden einen bestmöglichen Service bieten möchten. Dies geschieht oft, indem Informationssysteme miteinander über Unternehmensgrenzen hinweg verbunden werden (z.B. über Systeme des **Supply Chain Management (SCM)**, **Customer Relationship Management (CRM)**, **Enterprise Ressource Planning (ERP)**, **Electronic Data Interchange (EDI)**, **Workflow Management Systeme (WfMS)** etc.).

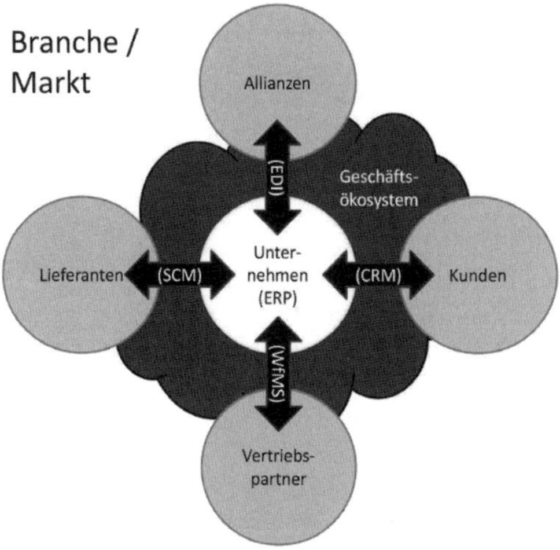


Abbildung 22: Wertschöpfungsnetz mit verschiedenen Akteuren und Informationssystemen

Abbildung 22 zeigt, dass ein solches agiles Wertschöpfungsnetz im Prinzip ein **wirtschaftliches Ökosystem**[26] innerhalb einer Branche ist, bei dem sich unabhängige Unternehmen gegenseitig unterstützen und dem Kunden einen gemeinsamen Mehrwert liefern möchten, welchen sie als einzelnes Unternehmen nicht hätten liefern können. Die digitale Vernetzung der Unternehmen erlaubt es jedoch, dass die beteiligten Akteure als Einheit fungieren können und so im Stande sind Produkte und Dienstleistungen zu liefern, welche sonst am Markt nicht verfügbar wären. Vereinfacht könnte man sagen, dass durch die Möglichkeit digitaler Zusammenarbeit

[26] Ein wirtschaftliches Ökosystem beschreibt das Zusammenspiel zwischen Organisationen und Unternehmen auf einem geteilten Markt.

(**Computer Supported Collaborative Work (CSCW)**) und entsprechenden unternehmensübergreifenden Informationsflüssen nicht mehr nur einzelne Unternehmen in gegenseitiger Konkurrenz stehen, sondern Wertschöpfungsnetz gegen Wertschöpfungsnetz antreten muss.

> Ein typisches Beispiel hierfür findet man in der Automobilindustrie. Die Automobilhersteller könnten ohne ihre Zulieferer nicht so effektiv arbeiten, könnten ohne die angebundenen Werkstätten kein Servicenetz anbieten, würden ohne Vertriebspartner weniger Autos verkaufen und könnten ohne Forschungsallianzen nur schlechtere bzw. teurere Produkte entwickeln.

Für so ein Wertschöpfungsnetz muss entsprechendes Vertrauen zwischen den beteiligten Akteuren herrschen, da ohne transparenten Informationsfluss und die gegenseitige Öffnung von Informationssystemen ein effektives und effizientes Wertschöpfungsnetz nur schwer realisierbar wäre.

Eine andere bzw. gesteigerte Form der Zusammenarbeit zwischen unabhängigen Unternehmen sind die sogenannten **virtuellen Unternehmen**. Durch den Einsatz von geeigneten Informationssystemen können sich Unternehmen bzw. bestimmte Bereiche oder Mitarbeiter der Unternehmen zu virtuellen Unternehmen zusammenschließen, um geografisch unabhängig und dennoch gemeinsame Produkte oder Services zu entwickeln bzw. diese anzubieten. Die so entstandenen virtuellen Unternehmen können damit, je nach Bedarf, aus den vorhandenen Unternehmen benötigte Ressourcen hinzufügen oder abziehen, was das virtuelle Unternehmen sehr flexibel macht. Man muss in dieser Konstellation jedoch auch mit Problemen rechnen, da eine geleichzeitige Nachfrage aus der Linienfunktion und dem virtuellen Unternehmen nach derselben Ressourcen durchaus zu Spannungen führen kann und Verantwortlichkeiten und Weisungsbefugnisse verschwimmen. Es ist daher unabdinglich, dass die beteiligten Unternehmen die Verfügbarkeit von Ressourcen und Informationen transparent machen, was sehr eng verzahnte und gut aufeinander abgestimmter Informationssysteme voraussetzt.

**Agile und virtuelle Unternehmensstrukturen** werden in der heutigen Zeit der **Globalisierung** und **Technisierung** immer wichtiger. Sie erlauben einem Unternehmen oder ganzen Wertschöpfungsnetzen, sich sehr schnell auf **geänderte Marktbedingungen**, Kundenwünsche und technische Neuerungen einzustellen. Die Vernetzung der Geschäftspartner mit geeigneten Informationssystemen ist daher von immenser Bedeutung.

## Kundenorientierte Massenfertigung

In der Vergangenheit haben Unternehmen in der Regel günstige „Massenprodukte" in Serie gefertigt oder individuellen Produkte zu relativ hohen Preisen angeboten. Dies führte dazu, dass man entweder den einen Teil des Marktes bedienen konnte oder den anderen. Oft konnten sich Unternehmen daher in Nischenmärkten bewegen und haben anderen Unternehmen damit Marktanteile weggenommen.

Durch die Einführung von Informationssystemen konnte diese Grenze zwischen Serien- und Einzelfertigung jedoch zum Teil aufgebrochen werden. Sicherlich gibt es immer noch einzelne Bereiche, welche so speziell sind, dass diese ihre Nische behaupten können, jedoch wurde mit der Einführung von sogenannten „**Mass Customization Systemen**" eine **kundenindividuellen Massenfertigung** möglich. Grundlage für derartige kundenindividuelle Massenfertigungen ist zum einen die Modularisierbarkeit des Produkts oder des Services und zum anderen die Implementierung von „Konfigurationssystemen" oder „Konfiguratoren".

**Konfigurationssysteme** haben entsprechende Regeln zu den Produkten oder Services hinterlegt, mit welchen sie die Abhängigkeiten zwischen den modularisierten Produktkomponenten kennen. Dies ermöglicht dem Kunden entweder direkt oder mit Hilfe eines Kundenberaters ein für ihn passendes Produkt zu entwerfen, was einen weitaus höheren Mehrwert liefert als ein Serienprodukt, aber eine ähnliche Preisstruktur hat.

Ein klassisches Beispiel hierfür ist die Konfiguration eines Neuwagens. Die Kunden können sich heute ein Auto mit der favorisierten Motorleistung und Ausstattung zusammenstellen und das zu einem relativ geringen Aufpreis im Vergleich zu einer Nachrüstung.

Ein weiteres Beispiel ist die Anfertigung von maßgeschneiderten Kleidern. Körpermaße werden über ein Webinterface eingegeben und ein bestimmtes Modell wird automatisch auf den Kunden oder die Kundin zugeschnitten.

Informationssysteme, welche Unternehmen dabei unterstützen, auf die Kundenwüsche stärker einzugehen ohne dabei immense Kosten zu verursachen, können diesen damit einen strategischen Vorteil am Markt verschaffen.

Informationssysteme zur **kundenindividuellen Massenfertigung** (z.B. **Konfiguratoren**), können dem Unternehmen Marktvorteile und Marktanteile verschaffen.

## IS-Portfolio-Management

Informationssysteme (IS) können in vielerlei Hinsicht strategische Vorteile bieten. Die bisher diskutierten Methoden und Ansätze zeigen uns in welchen Bereichen des Unternehmens oder des Wertschöpfungsnetzes es zu Wettbewerbsvorteilen und Kostenersparnissen kommen kann.

In den allermeisten Fällen können wir jedoch nicht alle strategisch wertvollen IS-Initiativen umsetzen, da in der Regel monetäre und personelle Ressourcen eines Unternehmens begrenzt sind. In diesem Fall gilt es, die besten IS-Initiativen herauszufiltern, sodass das Unternehmen für das eingesetzte Kapital den größten Mehrwert schöpfen kann, ohne dabei das Risiko der Investitionen zu unterschätzen. Gerade sehr innovative Ideen bergen oft auch ein hohes Risiko und können daher scheitern! Zu diesem Zweck bedient man sich einer Methode, welche aus dem Aktienhandel bekannt ist – das **Portfolio-Management**. Es dient dazu, die möglichen IS-Investitionen gegeneinander abzuwägen und ein für das Unternehmen vorteilhaften Mix zu erstellen, der einem guten Verhältnis aus Chancen und Risiken gerecht wird.

Um ein IS-Investitionsportfolio zu erstellen, sollten möglichst folgende Parameter der identifizierten IS-Initiativen bekannt sein:

- der **strategische Nutzen**
- das **Risiko des Scheiterns**
- die **Kosten**
- **Kompatibilität** mit vorhandener Infrastruktur

Zur Priorisierung kann eine Portfolio-Analyse gemacht werden, um die einzelnen IS-Initiativen bewerten zu können. Hierbei bedient man sich z.B. einer Risiko-/Nutzen-Matrix, wie im folgenden Beispiel gezeigt:

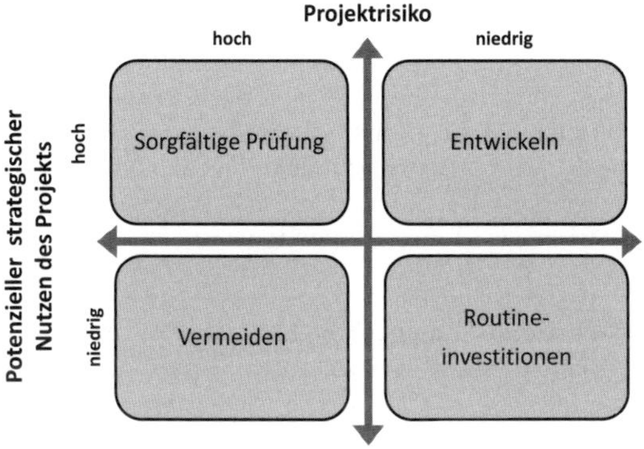


Abbildung 23: Portfoliobewertung

- IS-Initiativen mit relativ niedrigem strategischem Nutzen und relativ hohem Risiko sollten generell vermieden werden.
- Hat das Projekt aber einen hohen Nutzen und wenig Risiko, so sollte es durchaus als Investition in Betracht gezogen werden.
- Initiativen mit hohem Nutzen und hohem Risiko sollten zwar berücksichtigt werden, müssen aber detailliert geprüft werden. Sie bieten gerade durch das hohe Risiko oft einen noch höheren strategischen Vorteil, da sich höchstwahrscheinlich auch Konkurrenten nur sehr vorsichtig an solche Projekte wagen.

- IS-Initiativen mit niedrigem strategischen Nutzen aber auch mit niedrigem Risiko, sollten nicht ungeachtet bleiben, da es sich oft um sogenannte „Basistechnologien" handelt, welche wiederum die Grundlagen für strategisch wichtige Informationssysteme bilden können. Ein Beispiel hierfür ist die Investition in ein schnelleres IT-Netzwerk, es bietet selbst nur einen geringen Nutzen und die Implementierung ist relativ risikolos. Es ist jedoch die Basistechnologie für viele wichtige Informationssysteme und sollte daher im IS-Investitionsportfolio berücksichtigt werden.

Sobald das Risiko-Nutzen-Verhältnis klar ist, müssen die IS-Initiativen noch auf die entsprechenden Budgetauswirkungen und auf die Kompatibilität zur bestehenden Infrastruktur geprüft werden, damit die Projekte priorisiert werden können und man damit das zur Verfügung stehende Budget bestmöglich ausnutzen kann. Es ist also möglich, dass ein Portfolio aus einer mehrdimensionalen Matrix von Kriterien erstellt wird, was zwar die Genauigkeit aber auch die Komplexität erhöhen kann. Alternativ zur Portfolio-Analyse können auch hierzu **Scoringmodelle**[27] (z.B. Nutzwertanalyse) verwendet werden. Die Umsetzung der ausgewählten Projekte übernimmt dann das **IT-Projektmanagement**.

> Das **IS-Portfolio-Management** hilft dabei IS-Investitionen zu priorisieren, indem es verschiedene **Kriterien** vergleicht. Die **Priorisierung der Projekte** sichert dabei, dass die zur Verfügung stehenden Ressourcen (z.B. Geld, Personal) bestmöglich eingesetzt werden.

---

[27] Scoring-Modelle sind systematische Verfahren zum Vergleich und zur Bewertung von Projekten anhand der Summe von vergebenen Punkten für bestimmte Eigenschaften des Projekts.

# Zwischenstand: Fragen und Antworten

**Bist du fit für die Prüfung?**

Beantworte die folgenden Fragen und finde heraus, ob du die Inhalte dieser Etappe verinnerlicht hast. Die Antworten stehen online für dich bereit. Folge einfach dem QR-Code am Ende des Fragenkatalogs oder dem Link:

**fit-lernhilfen.de/wi/5.htm**

Addiere die Fit-Punktzahlen der korrekt beantworteten Fragen, die in der eckigen Klammer angegeben sind, und notiere diese in der Auswertung am Ende des Buches, um deinen Fitness-Stand später zu errechnen.

**Wozu dient der Business Model Canvas nach Osterwalder und Pigneur?**

[3 Fit-Punkte]

- ☐ Zur Festlegung einer IT-Strategie
- ☐ Zur Analyse von Geschäftsprozessen
- ☐ Um die Wettbewerbskräfte der Branche genauer zu analysieren
- ☐ Um die wichtigsten Elemente eines Geschäftsmodells erfassen und bewerten zu können

**Was versteht man unter „Digitaler Transformation"?**

[2 Fit-Punkte]

- ☐ Umwandlung von analogen Daten in digitale Daten
- ☐ Es beinhaltet den Wandel der Gesellschaft durch die steigende Nutzung von Informationsdiensten und damit auch eine veränderte Erwartungshaltung bei Kunden
- ☐ Ziel der „Digitalen Transformation" ist ein vollständig „papierloses Büro"

- ☐ Es umfasst u.a. den Wandel von bestehenden Geschäftsmodellen durch IT unterstützte Dienstleistungen und Produkte

**Was beschreibt die Transaktionskosten-Theorie?**

[3 Fit-Punkte]

- ☐ Dass jeder Prozess durch IT günstiger und besser wird
- ☐ Dass eine Transaktion wie ein Prozess funktioniert
- ☐ Dass jegliches Handeln Transaktionskosten verursacht
- ☐ Dass die Transaktionskostenkurve u.U. durch den Einsatz von Informationssystemen positiv beeinflusst werden kann

**Was beschreibt die Agency-Theorie?**

[3 Fit-Punkte]

- ☐ Dass Auftragnehmer Eigeninteressen verfolgen und daher überwacht werden müssen
- ☐ Dass Agenten die Prinzipale überwachen müssen
- ☐ Dass durch den Einsatz von Informationssystemen weniger Prinzipale zur Überwachung nötig sind
- ☐ Dass Informationssysteme generell die Agency-Kosten erhöhen

**Was kann bei einer kundenorientierten Massenfertigung vorteilhaft eingesetzt werden?**

[2 Fit-Punkte]

- ☐ Porter's 5-Forces
- ☐ Strikte Standardisierung der Produkteigenschaften
- ☐ Der Bull-Whip-Effect
- ☐ Konfiguratoren bzw. Konfigurationssysteme

**Dein Punktestand Etappe 5**
**[.............. Fit-Punkte]**

# Etappe 6:
# E-Business & E-Commerce

## Startschuss: Schlagwörter und Prüfungstipps

### Was erwartet mich in dieser Etappe?

In dieser Etappe geht es um die Identifikation des strategischen Mehrwerts von betrieblichen Informationssystemen im Bereich des E-Business und E-Commerce.

### Welche Schlagwörter lerne ich kennen?

■ E-Business ■ E-Commerce ■ E-Procurement ■ B2B ■ B2C ■ B2A ■ C2C ■ Click and Mortar ■ Mobile Business ■ Geschäftsmodelle im Internet ■ Digitale Transformation

### Wofür benötige ich dieses Wissen?

Das Internet hat die bestehenden Märkte und Branchen radikal geändert. Es entstanden dadurch neue Möglichkeiten aber auch Risiken. Das Internet sowie dessen spezielle Ausprägungen (z.B. mobiles Internet und Web 2.0) bestimmen auch noch Jahre nach dessen Einführung die heutige Geschäftswelt. Als Wirtschaftsinformatiker sollte man daher die Ausprägungen und Möglichkeiten des E-Business und E-Commerce kennen und bewerten können.

### Welchen Prüfungstipp kann ich aus dieser Etappe ziehen?

In Prüfungen wird häufig gefordert, dass man die verschieden Facetten des E-Business kennt und diese erklären kann. In dieser Etappe werden daher die entsprechenden Kategorien und Eigenschaften des E-Business beschrieben.

**Los geht's!**

# Neue Geschäftsmodelle und Wertschöpfungsmöglichkeiten

Das Internet verhalf der *„Digitalen Revolution“*, welche in den 1980er Jahren mit der Einführung der ersten Computer im privaten Bereich begann, in den 1990er Jahren zum Durchbruch. Die Entscheidung, das Internet für die kommerzielle Nutzung zu öffnen, schuf völlig neue Möglichkeiten der Informationsbeschaffung und der Kommunikation. Das Internet bietet Privatpersonen und Unternehmen eine universelle und standardisierte Technikplattform und ermöglichte damit die Vernetzung von Informationssystemen über betriebliche Grenzen hinweg, was entsprechende **Auswirkungen auf die Informationsbeschaffung, Geschäftsmodelle und Wertschöpfungsprozesse** hat. Es ermöglicht Geschäftsprozesse vollständig zu digitalisieren und Waren sowie Dienstleistungen weltweit anzubieten.

Der Begriff des **E-Business** umfasst dabei die Digitalisierung von allen Geschäftsprozessen und kann in weitere Teilbereiche aufgespalten werden:

- **E-Procurement**: Befasst sich mit der elektronischen Beschaffung von Waren und Dienstleistungen, was idealerweise über ein Supply Chain Management (SCM) System und ein automatisches Bestellsystem (E-Procurement) erfolgt.
- **Intranet-Service**: Beschäftigt sich mit der Digitalisierung interner Geschäftsprozesse. Ziel ist es, die Informationsbeschaffung, -verarbeitung und -verbreitung zu verbessern und damit die Geschäftsprozesse zu optimieren.
- **E-Commerce**: Befasst sich mit dem elektronischen Handel von Waren und Dienstleistungen und bildet die digitale Schnittstelle zum Kunden. In der Regel wird dies mit Portalen, Webshops und Customer Relationship Management (CRM)-Systemen umgesetzt.

Die Einführung von E-Business und E-Commerce stellt ein Unternehmen jedoch vor eine gewisse Herausforderung, da sich mitunter die Unternehmensstrategie erheblich ändern kann und Management- sowie Geschäftsprozesse überprüft und angepasst werden müssen. Dies hat zur Folge, dass sich das Geschäftsmodell eines

Unternehmens entsprechend ändern muss, um auch im digitalen Zeitalter zu bestehen (**Digitale Transformation**). Die Wirtschaftsinformatik spielt dabei eine tragende Rolle, da die betrieblichen Informationssysteme entsprechend angepasst und eingesetzt werden müssen, um das neue Geschäftsmodell zu unterstützen.

## Kategorien des E-Commerce

E-Commerce, als Teil von E-Business, nimmt in vielen Unternehmen eine wichtige Stellung ein und hat damit auch einen großen Einfluss auf das Geschäftsmodell eines Unternehmens. Die folgenden Kategorien des E-Commerce haben sich hierbei etabliert:

- **Business-to-Consumer (B2C):** Als B2C wird der elektronische Vertrieb von Waren und Dienstleistungen vom Unternehmen an den Endverbraucher bezeichnet. Dies geschieht zumeist über Webshops, welche eine Art virtuellen Verkaufsraum abbilden und so dem Endverbraucher den Online-Einkauf ermöglichen.
- **Business-to-Business (B2B):** Die Kategorie B2B beschreibt den elektronischen Vertrieb von Waren und Dienstleistungen von Unternehmen zu Unternehmen. Auch in diesem Bereich werden Webshops eingesetzt, jedoch sind diese für die Bedürfnisse auf Unternehmen zugeschnitten und sind nicht jedem zugänglich.
- **Business-to-Administration (B2A):** Das B2A bezeichnet den elektronischen Vertrieb von Waren und Dienstleistungen von Unternehmen an öffentliche Einrichtungen, Behörden und den Staat. Der Staat tritt hier quasi als „spezieller" Kunde mit sehr spezifischen Anforderungen auf. Das B2A ist ein wichtiger Bestandteil der aktuellen „E-Government" Initiativen, welche die Digitalisierung der öffentlichen Verwaltung vorantreiben sollen.
- **Consumer-to-Consumer (C2C):** Unter der Kategorie C2C versteht man den elektronischen Handel von Produkten zwischen Endverbrauchern, d.h. die Endverbraucher treten als Verkäufer sowie als Käufer in Erscheinung. Ein typisches Beispiel für C2C-Modelle sind Auktionshäuser oder An- und Verkaufsportale.

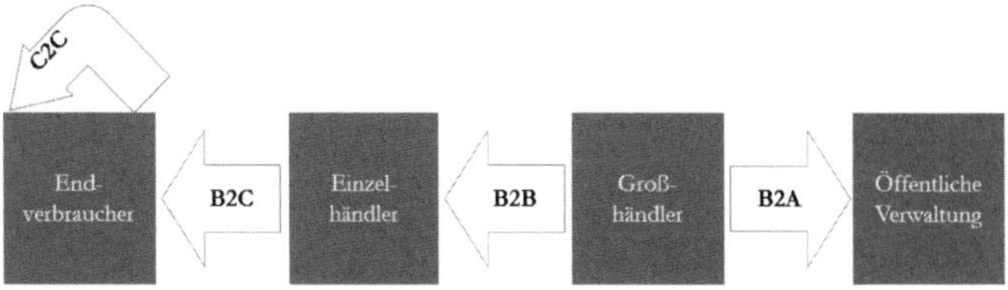


Abbildung 24: Kategorien des E-Business

Neben diesen vier Hauptkategorien des E-Commerce, welche klassischerweise Webshops und Online-Handelsplätze einsetzen, etablieren sich aktuell weitere Trends bzw. Geschäftsmodelle, welche verstärkt den Einsatz von passenden Informationssystemen fordern. Beispielhaft soll hier „Mobile Commerce" (M-Commerce) genannt werden, welches dem zunehmenden Trend von portablen Internetgeräten folgt. Der Einsatz von Tablets und Smartphones im privaten und geschäftlichen Bereich eröffnet Unternehmen völlig neue Wege des Vertriebs. So können z.B. über Barcodes und QR-Codes weitere Informationen zu Produkten eingeholt werden oder über die GPS-Daten (Global Positoning System) des mobilen Endgerätes dem Verbraucher gezielt Angebote aus dessen direkter Umgebung unterbreitet werden.

Weitere nennenswerte Internet-Geschäftsmodelle wären z.B.:

- **Information Broker**, wie z.B. Preisvergleichsportale
- **Content Provider**, wie z.B. Video- und Musikstreaming
- **Web Portale**, welche diverse Ressourcen zusammenfassen
- **Virtuelle Gemeinschaften / Social Media Plattformen**, welche Verbrauchern erlauben direkt zu bestimmten Themen zu kommunizieren und sich zu vernetzen

Die meisten dieser Geschäftsmodelle werden als sogenannte „**Pure-Play**"-Geschäftsmodelle umgesetzt, was bedeutet, dass die Unternehmen ihre Produkte ausschließlich über das Internet vertreiben. Manche Geschäftsmodelle basieren jedoch auch auf dem sogenannten „**Click-and-Mortar**"-Prinzip, was bedeutet, dass ein Unternehmen seine Produkte sowohl auf dem klassischen Wege über Verkaufsstellen (Bricks = engl. Mauerstein) als auch über virtuelle Kanäle (Clicks) vertreibt. Die letztere Variante stellt die Wirtschaftsinformatik vor die Herausforderung, dass die Informationssysteme beide Vertriebskanäle unterstützen müssen, was in der Regel die Komplexität der Systeme erhöht.

Die Findung und Umsetzung von Internetgeschäftsmodellen ist daher nicht trivial und erfordert, dass die Unternehmensführung und die IT-Verantwortlichen entsprechende Kosten und Nutzen von passenden Informationssystemen für das E-Commerce abwägen.

Als Negativbeispiel ist hier die „**Dot-Com-Ära**" Ende der 1990er-Jahre zu nennen. Zu dieser Zeit wurden nicht überlebensfähige Geschäftsmodelle einfach nur „digitalisiert", was zum Scheitern vieler E-Commerce-Projekte oder sogar zum Konkurs des Unternehmens führte. Es ist daher die Aufgabe der Wirtschaftsinformatik funktionierende E-Commerce-Geschäftsmodelle mit den entsprechend geeigneten Informationssystemen zu unterstützen und der Unternehmensführung neue Möglichkeiten des E-Commerce aufzuzeigen, um weiterhin konkurrenzfähig zu sein.

Die Einführung von E-Business und E-Commerce in die Unternehmenslandschaft hat nicht nur entsprechende Auswirkungen auf die internen Geschäftsprozesse sowie Geschäftsmodelle, sondern konfrontiert das Unternehmen auch mit Fragen wie z.B. Datenschutz, Datensicherheit und internationalem Recht.

## Auswirkungen des E-Business und E-Commerce

Gerade die Themen **Datenschutz** und **Datensicherheit** spielen dabei für die Wirtschaftsinformatik eine zentrale Rolle. Zum einen möchte das Unternehmen so viele Daten wie möglich sammeln, um z.B. ein interaktives Marketing zu betrieben und um angebotene Waren und Dienstleistungen bestmöglich zu personalisieren (hier werden z.B. CRM und BI[28] Systeme eingesetzt). Zum anderen hat das Unternehmen jedoch die Pflicht diese Daten auch entsprechend vor unbefugten Zugriffen zu schützen, was bei öffentlich zugänglichen Webshops eine Herausforderung darstellt.

---

[28] Business Intelligence

# Zwischenstand: Fragen und Antworten

**Bist du fit für die Prüfung?**

Beantworte die folgenden Fragen und finde heraus, ob du die Inhalte dieser Etappe verinnerlicht hast. Die Antworten stehen online für dich bereit. Folge einfach dem QR-Code am Ende des Fragenkatalogs oder dem Link:

**fit-lernhilfen.de/wi/6.htm**

Addiere die Fit-Punktzahlen der korrekt beantworteten Fragen, die in der eckigen Klammer angegeben sind, und notiere diese in der Auswertung am Ende des Buches, um deinen Fitness-Stand später zu errechnen.

**Was versteht man unter E-Procurement?**

[2 Fit-Punkte]

- ☐ Den manuellen Vertrieb digitaler Waren
- ☐ Den digitalen Vertrieb analoger Waren
- ☐ Die Digitalisierung durch Supply-Chain-Management und Customer Relationship Management Systeme
- ☐ Die elektronisch gestützte Beschaffung von Waren und Dienstleistungen

**Was beschreibt der Begriff E-Commerce?**

[3 Fit-Punkte]

- ☐ E-Commerce ist Teil des E-Business
- ☐ Den elektronischen Handel von Waren und Dienstleistungen
- ☐ Den elektronischen Einkauf von Waren und Dienstleistungen
- ☐ Die digitale Schnittstelle zum Kunden

**Welche Kategorien des E-Commerce gibt es?**

[3 Fit-Punkte]

- ☐ B2B
- ☐ BCAA
- ☐ B2C
- ☐ R2D2

**Was versteht man unter „Click & Mortar“?**

[2 Fit-Punkte]

- ☐ Den Vertrieb von Waren und Dienstleistungen über klassische und digitale Vertriebskanäle
- ☐ Den ausschließlich digitalen Vertrieb von Waren und Dienstleistungen
- ☐ Den ausschließlich klassischen Vertrieb von Waren und Dienstleistungen
- ☐ Es ist ein alternativer Begriff für E-Procurement

**Was ist im E-Business verstärkt zu beachten?**

[3 Fit-Punkte]

- ☐ Verstärkter Datenschutz
- ☐ Verstärkte Datensicherheit
- ☐ Verstärkte Medienbrüche
- ☐ Möglichst viele analoge Schnittstellen

**Dein Punktestand Etappe 6**
**[.............. Fit-Punkte]**

# Etappe 7:
# IT: Infrastruktur und Tendenzen

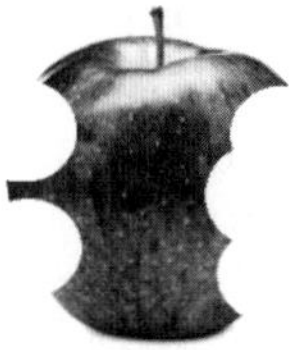

## Startschuss: Schlagwörter und Prüfungstipps

### Was erwartet mich in dieser Etappe?

Übersicht der aktuellen Trends und technologischen Veränderungen im Bereich der IT-Infrastruktur.

### Welche Schlagwörter lerne ich kennen?

■ Server ■ Client ■ Speicher ■ Prozessoren ■ Mobilgeräte ■ Virtualisierung ■ Betriebssysteme ■ Hardware- und Softwareplattformen ■ Konsolidierung und Standardisierung ■ Outsourcing ■ Rechenzentrum ■ Cloud Computing

### Wofür benötige ich dieses Wissen?

Um Entscheidungen über die IT-Infrastruktur und die darauf basierenden betrieblichen Informationssysteme treffen zu können, müssen die wesentlichen Grundlagen, Tendenzen und technologischen Hintergründe bekannt sein.

### Welchen Prüfungstipp kann ich aus dieser Etappe ziehen?

Typische Prüfungsfragen zielen zum einen auf die einzelnen Definitionen, z.B. Server, Virtualisierung, oder zum anderen auf die praktischen Implikationen, z.B. Kostenreduzierungen, Leistungssteigerungen, ab.

**Los geht's!**

## Grundbegriffe der Unternehmens-IT

Die IT-Infrastruktur eines Unternehmens besteht aus den folgenden Komponenten:

- der Hardware, z.B. den Großrechnern und Speichergeräten
- dem Netzwerk, das die Verbindung zwischen allen angeschlossenen Geräten ermöglicht
- der systemnahen Software, wie z.B. Betriebssystemen, Datenbanken, Entwicklungsumgebungen

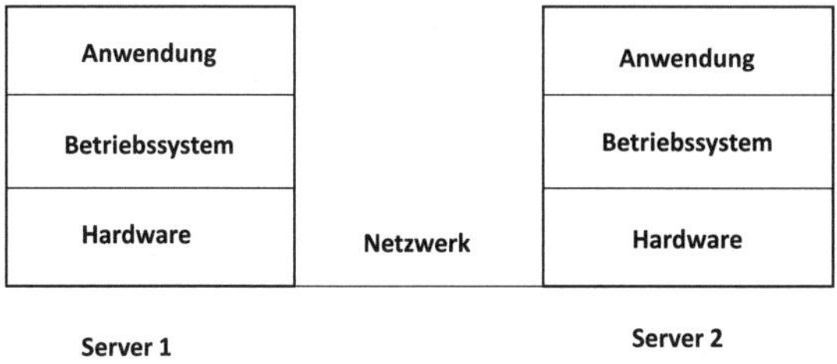


Abbildung 25: Schematische Übersicht der IT-Infrastruktur

In der obigen Abbildung wird der schematische Aufbau zweier Server und ihrer Verbindung übers Netzwerk dargestellt. Jeder Server besteht – vereinfacht gesagt – aus der Hardware und den darauf aufbauenden Softwareschichten Betriebssystem und Anwendung. Das Betriebssystem ist hierbei ein Beispiel für systemnahe Software und kann auch durch weitere Softwareprodukte wie Datenbanken oder Entwicklungsumgebungen ergänzt werden. Typischerweise stellt ein betriebliches Informationssystem – im Kontext der Wirtschaftsinformatik – die Anwendung auf der obersten Schicht dar. Übrigens, Speichergeräte sind dabei auf der schematischen Ebene analog zu den Servern aufgebaut.

Die IT-Infrastruktur bildet die technologische Basis für die betrieblichen Informationssysteme und befindet sich normalerweise im Rechenzentrum.[29] Die einzelnen Komponenten werden in den folgenden Abschnitten vorgestellt und erläutert.

Der erste Punkt ist die Hardware und ein zentraler Bestandteil hiervon sind leistungsstarke **Großrechner**, sog. **Server**, deren Dienste für mehrere Personen und Personengruppen erreichbar sind, z.B. als Web- oder Applikationsserver. Sie sind in der Regel auf eine hohe Verfügbarkeit und eine einfache Verwaltung sowie geringe Administrationskosten ausgelegt. Die große Zuverlässigkeit der Server wird durch eine redundante Auslegung aller relevanten Einheiten (z.B. Netzteil, Lüfter, Prozessor-, Speicherkarte) und der Verwendung von hochwertigen und langlebigen Komponenten erzielt. Das Ziel ist hierbei, dass der Ausfall einer einzelnen Kom-

[29] Vgl. Deininger, M. und Kessel, T. (2015a)

ponente (**single point of failure**) *nicht* zum Ausfall des Gesamtsystems, d.h. des Servers, führt. Im Gegensatz zu einem normalen PC oder Notebook (auch Client genannt), muss ein Server in der Regel ständig eingeschaltet sein und kontinuierlich laufen, da er für geschäftskritische Anwendungen, wie z.B. der betrieblichen Standardsoftware oder als Webserver für Web-Anwendungen zur Verfügung steht.

Neben den oben erwähnten Großrechnern spielen vor allem **Speichergeräte** bei der Hardware eine immer wichtigere Rolle, da sich das Datenvolumen in den Unternehmen jedes Jahr signifikant erhöht. Dies führt konsequenterweise zu steigenden Kosten für die Anschaffung und den Betrieb von Speichergeräten. Analog zu einem Server besteht ein Speichergerät aus einer Vielzahl von Festplatten, die mit redundanten hochwertigen Komponenten ausgestattet sind, um einen Systemausfall zu verhindern. Die Speichergeräte werden heutzutage nicht mehr direkt an die Server angeschlossen, sondern sie werden über ein eigenes separates Netzwerk miteinander und mit den Servern verbunden. Sie bilden also ein Speichernetzwerk (**Storage Area Network (SAN)**), sodass sie von jedem Server aus angesprochen und genutzt werden können. Der Vorteil besteht in der größeren Flexibilität und besseren Auslastung der Speichergeräte, im Vergleich zum direkten Anschluss eines Speichergeräts an den Server.

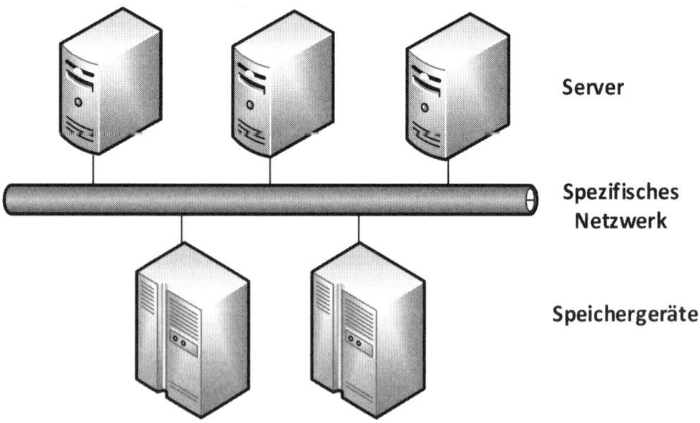


Abbildung 26: Storage Area Network (SAN)

In Abbildung 26 wird ein Storage Area Network (SAN) beschrieben, in dem die Server über ein spezifisches Netzwerk die Speichergeräte ansprechen. Das Netzwerk ist in der Regel auf die performante Übertragung großer Datenmengen ausgelegt (und unterstützt den sog. Fibre Channel Standard).

Das **Netzwerk** bildet den zweiten Punkt der Aufzählung der Komponenten einer IT-Infrastruktur. Erst durch das Netzwerk werden die Server und die Speichergeräte miteinander verbunden. Aus diesem Grund sind die Zuverlässigkeit und die Leistungsfähigkeit des Netzwerks entscheidend für die der IT- Infrastruktur. Das Netzwerk besteht – vergleichbar dem Speichernetzwerk – aus verschiedenen Netzwerkelementen, z.B. Routern, Switches, Hubs, die eine permanente Überwachung benötigen. Alle diese Netzwerkgeräte sollten redundant und somit ausfallsicher ausgelegt sein, damit eine reibungslose Kommunikation der Clients und Server gewährleistet ist.

Der letzte Punkt der IT-Infrastruktur ist die systemnahe Software, die in Form von Betriebssystemen, Entwicklungsumgebungen, Compilern für Programmiersprachen und Datenbanken auf der Hardware und dem Netzwerk aufsetzen. Diese Softwareprodukte sind Werkzeuge für die Entwicklung komplexer betrieblicher Informationssysteme. Außerdem bilden sie oft die technologische Basis für mögliche Plattformen, z.B. die Betriebssysteme Microsoft Windows oder Linux, die Programmiersprache Java, die Entwicklungsumgebung Eclipse und die Datenbank mySQL, indem sie die Besonderheiten der darunter liegenden Hardware-Ebenen verbergen. Dies bedeutet, dass es – z.B. aus Sicht eines Java-Entwicklers – unerheblich ist, welche konkrete Hardware verwendet wird, sofern alle üblichen Funktionalitäten der Programmiersprache Java unterstützt werden. Ebenso ist es für den Benutzer von Microsoft Windows oder Linux unerheblich, ob der Prozessor von Intel oder AMD stammt, sofern die erforderlichen Hardware-Anforderungen abgedeckt werden.

Neben den drei oben erwähnten Kategorien der IT-Infrastruktur (Hardware, Netzwerk, systemnahe Software), die sich im Rechenzentrum befinden, existiert noch eine separate Kategorie von IT-Geräten, wie z.B. PCs, Notebooks, Tablets und Smartphones, die sich an den Arbeitsplätzen der Unternehmensmitarbeiter befinden und die – im Sinne des Client/Server-Computings – als Clients bezeichnet werden.

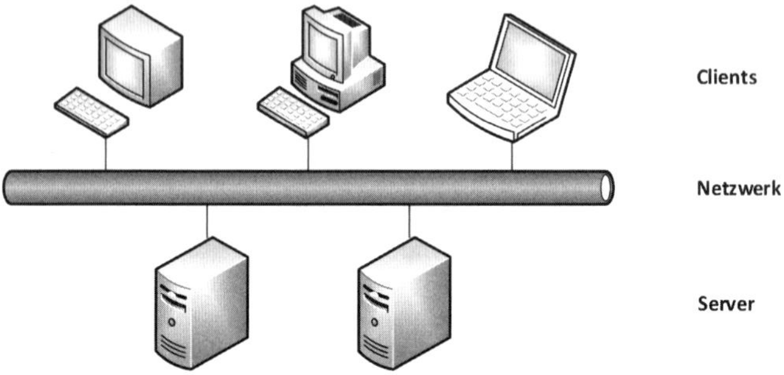


Abbildung 27: Client-Server-Computing

Die prinzipielle Idee des Client/Server-Computings ist, dass die rechen- und datenintensiven Aufgaben an den Server ausgelagert werden und der Client als Ein- und Ausgabemedium dient. Es ist ein grundlegendes Architekturprinzip verteilter Systeme und findet sich deshalb in zahlreichen Anwendungen wieder, die auf einer verteilten IT-Infrastruktur basieren, wie z.B. betriebliche Informationssysteme und Web-Browser. Über den Client werden die Eingaben, wie z.B. Anfragen an den zentralen Datenbankserver oder den Webserver, ausgeführt und anschließend werden die Ergebnisse auf dem Bildschirm ausgegeben.

Als **IT-Infrastruktur** werden die Hardware, das Netzwerk und die systemnahe Software innerhalb eines Unternehmens bezeichnet.

Ein **Server** ist ein leistungsfähiger und hochverfügbarer Großrechner auf dem z.B. Webserver, betriebliche Informationssysteme oder andere geschäftskritische Anwendungen laufen. Im Gegensatz hierzu ist der **Client** ein leistungsschwächerer Computer, z.B. PC, Notebook, Tablet, mit dem auf die Anwendungen des Servers zugegriffen wird.

Ein **Speicher** besteht aus einer Zusammenstellung von performanten und redundanten Festplatten, die in der Regel über das Netzwerk oder direkt mit den Servern verbunden sind.

Die oft historisch gewachsene Vielzahl an unterschiedlichen Technologien für Server, Speicher, Netzwerke und Software führt in der Regel zu einem erhöhten Kostenaufwand für den Betrieb eines Rechenzentrums.

Insbesondere die hohe Komplexität einzelner Produkte erfordert eine tiefgehende Spezialisierung der Systemadministratoren für Server, Speicher, Netzwerke und Software, was wiederum zu erhöhten Aufwendungen für das IT-Personal führt.

Aufgrund des gleichzeitig wachsenden Kostendrucks auf die Unternehmens-IT ergibt sich deshalb ein zunehmender Trend zur **Standardisierung und Vereinheitlichung der Plattformen**, die als **Konsolidierung** bezeichnet wird. Neben der Kostenreduzierung wird aber auch eine flexiblere und höhere Nutzung der vorhandenen Hardware- und Software-Ressourcen z.B. durch Virtualisierung[30] angestrebt, um eine bessere Rentabilität zu erzielen.

Um eine Unabhängigkeit von einzelnen Herstellern oder bestimmten Produkten zu erzielen, wird in der IT gerne auf das Konzept einer **Plattform** gesetzt. Eine Plattform definiert also einheitliche Anforderungen an die Hardware oder Software. Es ist also vergleichbar mit einer Schnittstelle. Sie kann durch das Betriebssystem, die Hardware oder eine Software bestimmt werden. Plattformen sind ein beliebter Ansatz zur systematischen Umsetzung der IT-Strategie, denn sie ermöglichen eine mittel- oder langfristige Kontinuität, eine sich daraus ergebende Investitionssicherheit und somit eine Entkopplung von kurzfristigen Produktänderungen und den häufigen wechselnden Technologietrends. Dies führt wiederum zu geringeren Kosten, da die Plattform über einen längeren Zeitraum betrieben werden kann und sich somit die (einmaligen) Aufwendungen für Schulungen, Beratungen, Migration der Daten oder

---

[30] Das Konzept der Virtualisierung wird im Abschnitt „Betrieb von Rechenzentren" genauer erläutert.

Ressourcen besser rentieren. Ein bekanntes Beispiel für eine Hardware-Plattform ist Intels 80x86-Architektur, Beispiele für betriebssystembasierte Plattformen sind Microsoft Windows, MacOS, Linux oder Android.

Als **Betriebssystem** wird die systemnahe Software bezeichnet, welche die Verwaltung aller relevanten Rechnerressourcen wie z.B. Prozessoren, Hauptspeicher, und die Interaktion mit dem Benutzer erlaubt. Bekannte Beispiele für Betriebssysteme sind Microsoft Windows, Linux oder MacOS.

Eine **Hardwareplattform** zeichnet sich dadurch aus, dass sie auf einer einheitlichen Architektur und Ausstattung der Geräte aufsetzt und so eine homogene Schnittstelle anbietet.

Eine **Anwendungsplattform** setzt oft auf einer einheitlichen Hardwareplattform auf und sie definiert ein Application Programming Interface (API), d.h. eine Schnittstelle, die alle Funktionen beschreibt, die über die Anwendung aufgerufen werden können.

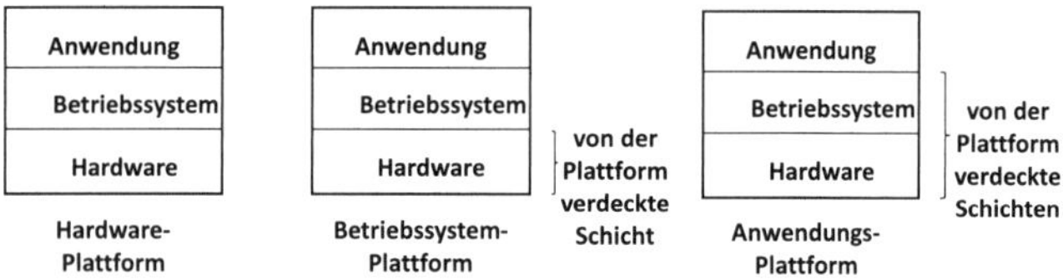


Abbildung 28: Übersicht typischer Plattformen

In der Abbildung sind die drei wesentlichen Kategorien von Plattformen (Hardware-, Betriebssystem- und Anwendungs-Plattformen) aufgeführt. Abhängig davon, welche Ebene die Schnittstelle der Plattform definiert, werden die darunterliegenden Ebenen von der Plattform verdeckt. Die Anwendungs-Plattform verdeckt z.B. die Hardware und das Betriebssystem, die Anwendung selbst legt die Schnittstelle fest, auf der alle weiteren Produkte aufsetzen können.

Die Festlegung auf eine Betriebssystem-, Hard- oder Anwendungsplattform ist nur der erste Schritt zu einer Standardisierung der vorhandenen Ressourcen und es ist eine strategische Entscheidung, die die IT-Landschaft eines Unternehmens für die kommenden Jahre prägen wird. Durch eine Konsolidierung der Plattformen können üblicherweise Einsparungen beim Einkauf und später auch beim Betrieb erzielt werden.

Ein nächster Schritt ist in der Regel die Zentralisierung und Konzentration der Ressourcen auf wenige Rechenzentren. Dies wird normalerweise begleitet durch den verstärkten Einsatz von Werkzeugen, die eine automatisierte Verwaltung der Server, Speicher und Netzwerke erlauben und so eine erhöhte Produktivität der Administratoren ermöglicht. Das Ziel ist hierbei vor allem die Kosten für die Administration und den Support zu reduzieren.

Die **Konsolidierung** beruht auf der Vereinheitlichung und Zentralisierung der IT-Systeme, um so die Kosten für die Administration, den Einkauf und den Support zu reduzieren.

Die Konsolidierung erlaubt es den Administratoren eine größere Anzahl von ähnlichen IT-Systemen zu verwalten und zu überwachen, da diese auf derselben Plattform basieren, somit ähnliche Eigenschaften haben und annähernde Kenntnisse erfordern. Auf der Kostenseite führt dies zu erheblichen Reduzierungen, da die Geschäftsprozesse für den Einkauf, die Verwaltung und die Unterstützung der IT-Systeme vereinfacht und beschleunigt werden können.

In den folgenden Abschnitten werden die aktuellen Trends in den folgenden Bereichen diskutiert:

- Hardware
- Software
- Betrieb von Rechenzentren

## Hardware-Trends

Die Informationstechnik wurde in den letzten Jahrzehnten durch einen stetigen Fortschritt geprägt, der dazu führte, dass die Leistungen und die Speicherkapazitäten von IT-Systemen (bei gleichen oder fallenden Kosten) erheblich erhöht wurden. Ein bekanntes Beispiel hierfür ist übrigens das Moore'sche Gesetz, das alle 18 Monate eine Verdoppelung der Prozessorleistung, bei gleichzeitiger Halbierung der Kosten, voraussagt. Es ist durchaus diskussionswürdig, ob diese Vorhersage auch in den nächsten Jahren gültig bleiben wird, obwohl sie in der Vergangenheit bislang zutraf.

Die wesentlichen Faktoren für diese Entwicklung der IT-Systeme liegen hierbei

- in der permanenten Leistungssteigerung der zugrundeliegenden Prozessoren
- sowie der Ausweitung der Kapazität von Haupt- und Massenspeichern.

Begleitet wurde dieser Trend von

- einer gleichzeitigen Miniaturisierung und
- Vernetzung aller Komponenten,

was insbesondere den Trend zu mobilen Geräten (z.B. Notebooks, Tablets, Smartphones) und zu Cloud-basierten Services begünstigt.

Zusammenfassend kann gesagt werden, dass die Entwicklung der Hardware in den letzten Jahren durch die folgenden Trends bestimmt wurde:

- Parallelisierung/-verarbeitung
- Standardisierung der Hardware
- Erhöhung der Speicherkapazitäten und Reduzierung der Zugriffszeiten
- Schnelle(re) kabelgebundene und drahtlose Netzwerke
- Mobilität der Endgeräte

Die *Parallelisierung der Hardware* findet auf zwei Ebenen statt: Zum einen wird die Anzahl der parallel arbeitenden Rechnerkerne innerhalb des Prozessors kontinuierlich erhöht und zum anderen werden Rechnersysteme oder Server zunehmend parallel geschaltet, um sowohl eine Lastverteilung zu ermöglichen als auch um eine hohe Verfügbarkeit zu erreichen. Entscheidend ist dabei zukünftig inwieweit die Parallelverarbeitung skaliert, d.h. ob sich die Erhöhung paralleler Einheiten auch in einer entsprechenden linearen Erhöhung der Prozessor- bzw. Systemleistung niederschlägt.

Die *Standardisierung der Server* in Richtung der Intel 80x86-Prozessorarchitektur sowie der Verwendung ähnlicher Designs und Komponenten führt – dank der Skaleneffekte – zu erheblichen Kostenreduzierungen und damit wiederum zu einem deutlich besseren Kosten-Nutzen-Verhältnis als spezifische proprietäre Prozessor-Architekturen. Ein anderes Beispiel für eine standardisierte Hardwareplattform bilden die typischen ARM-basierenden Prozessoren mit dem Betriebssystem Android im Bereich der Smartphones.

Die Reduzierung der Zugriffszeiten für Festplatten erfolgt vor allem dank der zunehmenden Verbreitung der Solid State Disk (SSD)-Technologie, die deutlich schneller als die bisherigen, konventionellen Festplatten sind. Die beiden wichtigsten Nachteile von SSD sind jedoch die deutlich höheren Kosten und die bislang geringeren Speicherkapazitäten. Es ist aber bei den zu erwartenden, größeren Stückzahlen davon auszugehen, dass diese Nachteile zukünftig verschwinden werden. Ein wesentlicher Vorteil von SSD ist übrigens die mechanische Robustheit, sodass sie sich insbesondere für mobile Endgeräte eignen. Hybride Festplatten versuchen die Vorteile von SSD (die Schnelligkeit des Zugriffs) mit denen konventioneller Technologien (hohe Kapazitäten und niedrige Preise) zu kombinieren, indem kleine SSD-basierte Festplatten für die häufigsten Datenzugriffe eingesetzt werden und die konventionelle Festplatte für die Speicherung der großen Datenbestände verantwortlich ist.

Die Erhöhung der Speicherkapazitäten bei gleichzeitiger Reduzierung der Speicherkosten ist ein typisches Charakteristikum der bisherigen Entwicklung von Festplatten oder Speichergeräten im Allgemeinen. Hinzu kommt eine zunehmende Netzwerkfähigkeit der Festplatten, sodass diese direkt in ein Netzwerk eingefügt werden können.

Auch im Bereich der Netzwerke zeichnet sich sowohl bei drahtgebundenen Netzwerken, z.B. Local Area Networks (LANs), als auch für drahtlose Netzwerke, z.B. Wireless LANs (WLANs) und

Mobilfunk, eine kontinuierliche Leistungssteigerung in Form der Erhöhung der Bandbreite ab. Insbesondere die Nutzung neuer Technologien, wie z.B. von Glasfasern als Lichtwellenleiter in der Datenübertragung, versprechen ein hohes Potential für zukünftige Datennetzwerke. Die WLAN-Technologie ist mittlerweile zu dem zentralen Baustein für den Zugang zum Internet innerhalb von Räumen, Wohnungen und Häusern geworden. Darüber hinaus spielt WLAN eine zunehmend wichtigere Rolle für den Transport von Audio- und Videosignalen, dem sog. Streaming, zu Lautsprechern, Hifi-Anlagen oder TV-Geräten (neben den proprietären Protokollen einiger Hersteller) innerhalb von Wohnungen oder Räumen. Die Weiterentwicklung des WLAN-Standards zeichnet sich hierbei vor allem durch eine Erhöhung der Bandbreite aus.

> Eine vergleichbare Entwicklung findet ebenfalls im Mobilfunk statt, wobei die Bandbreite dort mittlerweile ein sehr hohes Niveau erreicht hat (z.B. mit LTE), sodass sogar zeitkritische Streaming-Angebote genutzt werden können. Natürlich gibt es – abhängig von der verwendeten Technologie, der Qualität der Abdeckung und der Anzahl der gleichzeitigen Nutzer – durchaus noch eine signifikante Diskrepanz zu den Geschwindigkeiten der entsprechenden Kabel- oder DSL-Alternativen, aber die Lücke schließt sich (langsam).

Mobile Endgeräte, wie z.B. Smartphones, Tablets oder Notebooks, haben den Alltag vieler Menschen entscheidend bereichert oder verändert. Das Smartphone ist für die meisten Benutzer zu einer Schaltzentrale ihrer bevorzugten persönlichen Kommunikation und Information geworden. Vergleichbares dürfte sich auch für die Einbindung von Tablets und Notebooks in die IT-Infrastruktur von Unternehmen sagen lassen. Die große Herausforderung für IT-Abteilungen in den nächsten Jahren dürfte darin bestehen, diese Technologien und das Konzept der Apps nutzbringender für die Produktivität innerhalb der Unternehmen anzupassen und zu gestalten. Mit dem Ansatz „Bring Your Own Device (BYOD)“ wird versucht diesem Trend Rechnung zu tragen, indem Unternehmen Mitarbeitern erlauben ihre eigenen IT-Endgeräte mitzubringen und damit geschäftlich zu arbeiten. Auf der einen Seite führt dies zu einer verbesserten Motivation der Mitarbeiter und somit zu höherer

Produktivität, auf der anderen Seite ist die Integration in die IT-Infrastruktur und in die Serviceprozesse aufwändig.

Zusammenfassend kann festgestellt werden, dass die bisherigen Hardware-Trends, wie höhere Leistungen und Kapazitäten bei Prozessoren, Speichern und Netzwerken, wohl auch zukünftig fortgeschrieben werden können. Die Beherrschung der Technologien, die aus diesem Wettrennen entstehen, erfordert aber aufgrund ihrer zunehmenden Komplexität und Bedeutung immer stärker auch den Einsatz entsprechender Werkzeuge, Prozesse und Ressourcen. Die Notwendigkeit für ein umfassendes IT-Management wird hierdurch noch betont, was wiederum die Wirtschaftsinformatik als entsprechende Wissenschafts- und Managementdisziplin in den Mittelpunkt rückt.

## Software-Trends

Der Bereich der Software ist durch Innovationen in den Bereichen Funktionalität, Produktivität, Administration, Benutzbarkeit oder Lizenzen geprägt.

Diese Trends werden in den folgenden Punkten überblicksartig zusammengefasst; es handelt sich hier um:

- Kommerzielle Software vs. Open Source
- Anwendungen vs. Apps
- Offene Standards vs. proprietäre Technologien
- Standardsoftware vs. Individualsoftware
- Lokal installierte vs. Cloud-basierte Software
- Nutzung von Frameworks/Komponenten
- Produktsuiten/Plattformen vs. einzelne Produkte

**Open Source Software** wurde in den letzten Jahren durch eine Reihe von Projekten bekannt, wie z.B. Android, Eclipse, Firefox, Linux, Wordpress, die vor allem in den Bereichen Infrastruktur und Softwareentwicklung dominieren. Obwohl bislang wenige betriebliche Informationssysteme vollständig Open Source-basiert sind, so enthalten sie doch immer mehr Open Source Komponenten, z.B. in Form von Frameworks, Servertechnologien und Entwicklungsumgebungen.

**Open Source Software** zeichnet sich dadurch aus, dass (1) der Quellcode frei verfügbar ist, (2) sie unter einer Open Source Lizenz steht, die das Kopieren, das Verändern und die Weitergabe des Quellcodes erlaubt und (3) von einer Community (statt eines Unternehmens) entwickelt wird.

Eine **kommerzielle Software** ist in der Regel (1) kostenpflichtig, (2) der Quellcode ist nicht zugänglich, nur der ausführbare Code ist verfügbar, (3) die Lizenz erlaubt nur das Nutzungsrecht an der Software und (4) sie wird von einem Unternehmen entwickelt.

Die beiden entscheidenden Vorteile von Open Source Software sind (1) die fehlenden Lizenzkosten und (2) die große Flexibilität durch die Offenlegung des Quellcodes. Weitere positive Faktoren sind die tendenziell günstigeren Support-, Beratungs- und Schulungskosten, zum einem aufgrund des größeren Wettbewerbs, da die Technologien für die Öffentlichkeit verfügbar sind und zum anderen, weil die Entwickler-Community bereits ein grundlegendes Niveau an Support, Beratungen oder Schulungen über kostenlose Foren, Dokumente oder Tutorials bereitstellt.

Ein zusätzlicher Grund warum Open Source Software so populär wurde ist, dass neue innovative Software, z.B. Frameworks für Entwickler, oft unter Open Source Lizenzen gestellt wird, um andere Programmierer zu motivieren, diese wiederum in ihre (eigene) Software zu integrieren. Dies führt somit zu einer höheren Akzeptanz und Verbreitung von Frameworks.

Viele Geschäftsmodelle um Open Source Software sind dienstleistungsbasiert, d.h. es werden ergänzende Dienstleistungen in den Bereichen Support, Beratung oder Schulung im Unternehmensbereich angeboten, da Unternehmen diese Services für ihre produktiven betrieblichen Informationssysteme benötigen. Eine neue interessante Option bietet sich durch die Bereitstellung von Open Source-basierten IT-Services, die über die Cloud angeboten werden. Die Open Source Software kann dabei so gekapselt, d.h. versteckt werden, dass sie gar nicht mehr als solche erkannt wird.

Konventionelle **Anwendungen** auf dem PC oder dem Server wurden immer mehr um weitere Funktionen ergänzt, sodass sich ihre

Einsatzbereiche vergrößern, gleichzeitig führte dies aber auch zu einer Erhöhung der Komplexität bezüglich Installation, Administration und Benutzbarkeit.

Im Gegensatz hierzu sind die Programme auf Smartphones oder Tablets, **Apps** genannt, funktional eher schlicht gehalten, was die Benutzung wesentlich vereinfacht und somit neue Benutzerkreise erschließt. Die Installation und die Administration sind normalerweise sehr leicht.

Die Welt der Software wird zunehmend heterogener und vielfältiger. Auf der einen Seite werden typische Produkte für Unternehmenskunden funktional immer umfangreicher, was folgerichtig zu erhöhten Installations- und insbesondere Administrationsaufwendungen führt und auf der anderen Seite wünschen sich die Benutzer einfach(er) zu bedienende Produkte. In der Regel wird versucht, die Komplexität der Installation und der angebotenen Funktionen mittels zusätzlichen Werkzeugen zu begegnen und z.B. die Administration weitgehend zu automatisieren.

Obwohl die Unternehmenskunden selbst interessanterweise nur einen (geringen) Teil der gesamten Funktionalität nutzen, so führt doch die Gesamtheit der Anforderungen *aller* Kunden zu funktional überladenen Programmen, die entsprechend aufwändig zu benutzen und administrieren sind. Eine einfache Lösung hierfür gibt es bislang nicht, da eine individuelle Zusammenstellung der benötigten Dienste und Funktionen in Form von Software kaum angeboten wird. Zwar gibt es bei diversen ERP-Anbietern eine Aufteilung des Produkts in verschiedene Module, wie z.B. SAP HR, SAP SD oder SAP FI, aber diese Unterteilung ist noch viel zu allgemein und wenig granular. Cloud-basierte Anwendungen versprechen die Komplexität der Administration zu reduzieren bzw. zu verbergen, was aber noch nichts am Problem der schwierigen Benutzbarkeit, aufgrund zu großer Funktionalität, ändert.

Das Angebot der Apps zeichnet sich dadurch aus, dass jede App im Regelfall nur über sehr begrenzte Funktionen verfügt, diese aber sehr einfach abzurufen und darzustellen sind. Eine App löst so immer nur ein spezifisches Problem, z.B. die Suche von Fahrzeiten bestimmter Busse oder Straßenbahnen oder die Suche nach dem nächsten verfügbaren Taxi. Aufgrund der großen Anzahl von Apps für beinahe jedes beliebige Problem, kann sich der Benutzer seine individuell benötigten Apps selbst zusammenstellen. Es ist aber darauf hinzuweisen, dass die Anzahl der von einem normalen Benutzer real verwendeten Apps im unteren zweistelligen Bereich liegen dürfte.

Als **offene Standards** werden in der Regel alle Technologien und Protokolle bezeichnet, die durch offizielle Standardisierungsgremien wie z.B. dem W3C, definiert und offen gelegt wurden. Bekannte Beispiele für offene Internet-Standards sind hierfür HTML, XML, http, JavaScript, Java.

Als **proprietäre Technologien** werden Verfahren bezeichnet, die normalerweise das intellektuelle Eigentum eines Unternehmens sind und nicht veröffentlicht werden. Beispiele sind die bekannten Dateiformate PDF und Microsoft Office.

Der Trend geht eindeutig in Richtung offener Standards und Protokolle, da es schwierig ist neue Standards im Markt zu etablieren ohne die Zustimmung der anderen Marktteilnehmer zu erhalten. Nur wenigen dominierenden Firmen ist es möglich aufgrund ihrer Marktmacht neue *de facto* Standards zu etablieren, dies ist z.B. Microsoft aufgrund der großen Verbreitung der Office-Produkte mit den entsprechenden Formaten gelungen.

Bei Standards, wie z.B. Programmiersprachen, arbeiten die Hersteller der betreffenden Werkzeuge direkt an der Weiterentwicklung der Sprachspezifikation mit und können diese somit direkt beeinflussen. Die daraus resultierenden Protokolle und Spezifikationen werden normalerweise offen gelegt und sind somit für alle interessierten Teilnehmer zugänglich.

Eine **Standardsoftware** ist ein Softwareprodukt, das für ein ganzes Marktsegment und nicht nur für einen Kunden entwickelt wird.

Eine **Individualsoftware** wird nur auf expliziten Wunsch des Kunden umgesetzt und folgerichtig auch von diesem finanziert. Es ist also vergleichbar mit einem Maßanzug, statt einem Anzug von der Stange.

Mittlerweile gibt es für alle Unternehmensbereiche ein vielfältiges Angebot an Standardsoftware, sodass sich die Entwicklung von Individualsoftware nur noch in sehr wenigen Fällen lohnt, da diese zeitlich und finanziell deutlich aufwändiger und riskanter ist.

Allgemein gilt: je spezieller, d.h. ausgefallener, die Anforderungen an eine Lösung sind, umso wahrscheinlicher ist es, dass dafür (noch) keine zufriedenstellende Software existiert. Die Individualsoftware wird also normalerweise nur noch dann entwickelt, wenn sich keine adäquate Standardsoftware finden oder anpassen lässt. Neben den funktionalen Anforderungen müssen insbesondere die erforderlichen finanziellen Aufwendungen berücksichtigt werden.

Ein häufig ignorierter oder unterschätzter Punkt bei Individualsoftware ist, dass die Nachfolgekosten, in Form der Wartung, deutlich höher als bei der Standardsoftware liegen und über die Zeit durchaus ein Mehrfaches der eigentlichen Entwicklungskosten erreichen können. Ein weiteres typisches Problem bei Individualsoftware ist, dass die Migration in der Regel ebenfalls schwierig ist, da die entsprechenden Formate einzigartig sind und somit kaum Standardverfahren angewendet werden können.

Eine interessante Option ist übrigens die kundenspezifische Anpassung von Standardsoftware, das sog. Customizing. Hierbei gilt: desto größer die Abweichungen vom Standard sind, insbesondere dann wenn es sich um größeren Programmcode handelt, umso mehr steigen die Aufwendungen für den Support.

> Eine **Cloud-basierte Software** ist in der Regel eine Server-seitige Anwendung, die nach dem Client/Server-Prinzip genutzt wird. Der Nutzer ruft über den Client (z.B. einen Browser) den Server-seitigen Teil der Anwendung auf, der in einem anderen Rechenzentrum, z.B. des Software- oder Serviceanbieters, installiert ist.
>
> Eine **lokal installierte Software** liegt auf dem PC oder Server des Unternehmens vor und muss in der Regel vom Unternehmen selbst administriert werden.

Die meisten Softwarepakete sind üblicherweise im eigenen Rechenzentrum installiert und müssen deshalb selbst administriert werden.

Insbesondere bei Anwendungen, die nur geringe Benutzerzahlen haben, stehen die hohen Aufwendungen zu dem schwachen Nutzen in einem Missverhältnis.

Die wesentliche Argumentationslinie für Cloud-basierte Software lautet, dass zum einen die Administration vom Cloud-Anbieter vollständig übernommen wird, d.h. sie komplett entfällt, und zum anderen keine weitere Investitionen in die IT-Infrastruktur mehr notwendig sind, da die Bezahlung nutzungsabhängig erfolgt. Aus finanzieller Sicht ist insbesondere interessant, dass bei der Cloud-Nutzung die Kosten transparent und einfach zu erfassen sind, im Gegensatz zur lokal installierten Lösung.

> Momentan sind es vor allem Bedenken im Bereich der IT-Sicherheit und des Schutzes der eigenen Daten, die viele Endanwender noch davon abhalten, Cloud-basierte IT-Dienste stärker zu nutzen. Typischerweise sind die physikalischen Standorte der Server und der Speicherorte unbekannt. So könnten die Daten beispielsweise außerhalb der EU gespeichert werden und damit deutlich weniger strengen Datenschutzrichtlinien unterliegen oder sogar für den Zugriff anderer staatlicher Institutionen geöffnet werden. Das typische Gegenargument hierzu ist, dass die Sicherheitsvorkehrungen der Cloud-Anbieter normalerweise über den Anstrengungen der IT-Abteilung eines kleinen oder mittelständischen Unternehmens liegen dürften. Es ist aber zu beachten, dass dieses letzte Argument zwar richtig sein mag, aber nicht das erste Argument entkräftet.

Cloud-Angebote sind insbesondere dann interessant, wenn es sich um Standard-IT-Dienste handelt, wie z.B. E-Mail, Webserver, Speicher- oder Rechnerkapazitäten, da die Anbieter hier klassischerweise ihre Skaleneffekte ausspielen können.

> Eine **Produktsuite** besteht aus mehreren miteinander integrierten Produkten, die einzelne oder alle Phasen eines Lebenszyklus bzw. Funktionsbereiche eines Unternehmens abdecken.

Produktsuiten werden von einem Hersteller angeboten und sie erlauben die Vereinheitlichung der Softwareprodukte in dem betreffenden Bereich, z.B. ERP, Office, Entwicklungsumgebungen und Datenbanken. Beispiele für Produktsuiten finden sich bei allen großen Softwareanbietern, wie z.B. SAP, Oracle und Microsoft. Sie sind das Ergebnis einer Plattformstrategie, die darauf abzielt sich auf das Angebot eines Unternehmens zu verlassen, statt selbst aufwändig die besten Produkte des Marktes zu integrieren.

Die **Vorteile** einer Produktsuite liegen

- in der durchgehenden Benutzeroberfläche, sodass die Kosten und die Zeiten für den Umstieg deutlich reduziert werden können
- in einer einheitlichen Installation und Administration, sodass die damit verbundenen Kosten niedrig gehalten werden können
- in einem einfachen Support-Prozess, da nur ein Hersteller kontaktiert werden muss und die Verantwortlichkeit klar ist
- im schnellen und übersichtlichen Austausch zwischen den einzelnen Produkten, da diese in der Regel gemeinsame Kommunikationsmechanismen und Datenbasen verwenden

Die **Nachteile** dieses Ansatzes sind

- die große Abhängigkeit von einem Hersteller für die nächsten Jahre, da diese strategische Entscheidung – aufgrund der Investitionen – nicht mehr einfach rückgängig gemacht werden kann
- der Verzicht auf mögliche innovative Ansätze und Produkte anderer Hersteller

> Die dominierende Idee von **Frameworks** ist die Nutzung einer umfangreichen Klassenbibliothek und somit die Wiederverwendung von Standardkomponenten.

Vergleichbar den Trends in anderen Branchen, so erfolgt auch im Software-Entwicklungsbereich zunehmend eine Konzentration der Wertschöpfung auf die Integration von zugelieferten Komponenten, die von Drittherstellern oder Open Source Communities übernommen werden.

Mit dem Einsatz von Frameworks werden verkürzte Entwicklungszeiten und -kosten, aber ebenso auch geringere Test- und Supportkosten erzielt. Häufig existieren psychologische Vorbehalte gegen die Verwendung von fremden Komponenten, was auch als „not invented here"-Syndrom bekannt ist. Voraussetzung für den produktiven Einsatz ist natürlich ein professioneller Support.

## Betrieb von Rechenzentren

Das Konzept der „Fokussierung auf die eigenen Kernkompetenzen" führt bei vielen Unternehmen zunehmend dazu, dass Teile oder die Gesamtheit des unternehmenseigenen Rechenzentrums ausgelagert bzw. extern eingekauft werden. Die drei am häufigsten genannten Schlagwörter in diesem Kontext dürften dabei Global Sourcing, Outsourcing und Cloud Computing sein.

In den folgenden Abschnitten werden die, für den Betrieb eines Rechenzentrums relevanten Themen erörtert:

- Administrationskosten und die Energiekosten der IT-Systeme
- Automatisierung, Virtualisierung
- IT-Sicherheit, Hochverfügbarkeit
- Cloud Computing
- Outsourcing

Die **Administrationskosten** und die **Energiekosten der IT-Systeme** stellen wesentliche Kostenkategorien für den operativen Betrieb eines Rechenzentrums dar.

Unter Administrationskosten versteht man die Ausgaben für die Organisation und die Verwaltung der Rechnersysteme. Die Energiekosten umfassen zum einen die Kosten für die Stromversorgung der Rechnersysteme und zum anderen für deren Kühlung.

Ein Rechenzentrum besteht aus einer Vielzahl von leistungsfähigen Servern, Speichern und Netzen, die vor allem für den Unternehmenseinsatz geeignet sind. Neben dem erheblichen Kapitaleinsatz, der für den Aufbau eines Rechenzentrums notwendig ist, sind es vor allem die Energie- und Administrationskosten, die für die operativen Kosten verantwortlich sind.

Zwei typische Maßnahmen, um die Administrationskosten zu senken sind die weitgehende Automatisierung der Verwaltung der Rechnersysteme durch entsprechende Werkzeuge und die konsequente Virtualisierung der Server

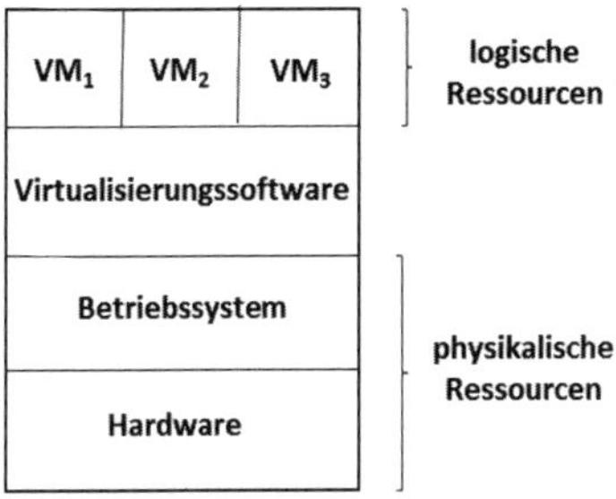


Abbildung 29: Übersicht einer Architektur zur Virtualisierung

Die Begriffe $VM_1$, $VM_2$ und $VM_3$ in der Abbildung bezeichnen die (drei) virtuellen Maschinen, die von der Virtualisierungssoftware zur Verfügung gestellt werden. Jede virtuelle Maschine (VM) verhält sich wie ein eigenständiger Rechner und verfügt deshalb über ein Betriebssystem und die entsprechenden Ressourcen. Die Zuweisung der virtuellen logischen zu den physikalischen Ressourcen erfolgt durch die Virtualisierungssoftware, sie überwacht auch die Ausführung der virtuellen Maschinen.

Die **Virtualisierung** unterscheidet zwischen physischen und virtuellen logischen Ressourcen. Die virtuellen logischen Ressourcen verhalten sich wie die physischen Ressourcen und werden durch eine spezifische Virtualisierungssoftware auf diese abgebildet.

Die **Automatisierung** umfasst in der Regel typische Aufgaben eines Systemadministrators, wie z.B. die Softwareverteilung auf den Servern, die Überwachung der Server und die eventuell erforderliche Fehlerbehandlung in Problemfällen. Die Automatisierung wird durch entsprechende Werkzeuge und Produktsuiten für das IT-Management implementiert.

Die Virtualisierung erlaubt es mehrere virtuelle Maschinen, z.B. Betriebssystem-Instanzen, auf derselben physikalischen Maschine oder verschiedenen Servern ablaufen zu lassen. Dies führt zu einer besseren Nutzung der Server und somit zu einer besseren Rentabilität der bereits vorhandenen Hardware. Normalerweise liegt die durchschnittliche Auslastung eines Servers nur zwischen 10% und 20%, auch wenn die Belastung bei Leistungsspitzen höher liegen kann. Neben der Reduzierung der Betriebskosten sind aber noch zwei weitere Aspekte bei der Virtualisierung aus Sicht des Rechenzentrumsbetriebs interessant. Zum einen vereinfacht sich und damit verbilligt sich auch die Bereitstellung von verschiedenen virtuellen Instanzen, vom Betriebssystem über einzelne Anwendungen, Entwicklungsumgebungen, bis hin zu ganzen Infrastrukturen und Plattformen. Zum anderen kann das Angebot an virtuellen Instanzen verbreitert und gleichzeitig die Anzahl der unterstützten physischen Hardware-Plattformen reduziert werden, da diese von der Virtualisierungsschicht vollständig überdeckt werden.

Die **IT-Sicherheit** umfasst sowohl die Gewährleistung der **physischen Sicherheit**, d.h. dem kontrollierten Zugang zu den IT-Systemen, als auch den Zugriff über das Netzwerk und die Einhaltung der aktuellen Sicherheitsstandards (Firewalls, Antiviren-Scanner, Intrusion Detection usw.)

Als **Hochverfügbarkeit** wird definiert, dass ein IT-System eine sehr hohe Verfügbarkeit von über 99,9% haben sollte. Ein System wird als verfügbar bezeichnet, wenn es ablauffähig ist und alle gewünschten Dienste ausführen kann.

Das Thema IT-Sicherheit hat aufgrund der zahlreichen Schlagzeilen durch Angriffe von Hackern kontinuierlich an Bedeutung gewonnen. Neben den üblichen Bedrohungen von IT-Systemen, z.B. über die Firewall, möglichen Viren, „denial of service"-Attacken ist auch die direkte physische Sicherheit der IT sicherzustellen, z.B. indem die Zugangskontrolle zu den Rechenzentren und Netzwerkknoten gewährleistet und protokolliert wird.

Alle geschäftskritischen IT-Systeme sollten hochverfügbar ausgelegt sein. Dies wird in der Regel so umgesetzt, dass jede beteiligte Komponente redundant ausgelegt ist und es somit keinen „single point of failure“ gibt, der durch seinen Ausfall zum Scheitern des Gesamtsystems führt. Die dadurch resultierenden höheren Aufwendungen lassen sich insofern rechtfertigen, als dass die Kosten durch den Ausfall der produktiven betrieblichen Informationssysteme deutlich höher liegen würden.

IT-Dienste, die über das Internet erbracht werden (ohne dass eine lokale Installation erforderlich ist), werden als **Cloud Computing** bezeichnet. Typische Cloud-basierte IT-Dienste erlauben die Nutzung zusätzlicher Speicherkapazitäten, wie z.B. Google Drive, Dropbox, iCloud, oder von weiteren Rechenkapazitäten, wie z.B. Amazons Web Services oder Microsofts Azure Angebot.

Beim Cloud Computing werden standardisierte Anwendungen oder IT-Ressourcen (wie z.B. Prozessor- oder Speicherkapazitäten) von einem oder mehreren Anbietern eingekauft, wobei die Erbringung dieser Leistungen (in)transparent bleibt, d.h. man weiß in der Regel nicht, an welchen physikalischen Standorten die eigenen Daten gespeichert sind oder wo die verwendeten realen, physikalischen Server stehen.

Die Verlagerung von IT-Diensten an ein drittes Unternehmen wird als **Outsourcing** bezeichnet. Falls die Verlagerung an einen Standort erfolgt, der geographisch nahe liegt, wird dies **Nearshoring** ansonsten **Offshoring** genannt.

Beim Outsourcing geht es darum bestimmte IT-Services, die bislang intern erbracht wurden, an einen externen Drittanbieter auszulagern, wobei der Umfang, die Qualität und die zeitliche Dauer vertraglich festgelegt werden. Die zugrundeliegende Strategie basiert darauf, dass sich ein Unternehmen oder seine IT-Abteilung auf die wertschöpfenden Kernkompetenzen konzentrieren sollte.

## Zwischenstand: Fragen und Antworten

**Bist du fit für die Prüfung?**

Beantworte die folgenden Fragen und finde heraus, ob du die Inhalte dieser Etappe verinnerlicht hast. Die Antworten stehen online für dich bereit. Folge einfach dem QR-Code am Ende des Fragenkatalogs oder dem Link:

**fit-lernhilfen.de/wi/7.htm**

Addiere die Fit-Punktzahlen der korrekt beantworteten Fragen, die in der eckigen Klammer angegeben sind, und notiere diese in der Auswertung am Ende des Buches, um deinen Fitness-Stand später zu errechnen.

**Was ist ein Server?**

[1 Fit-Punkt]

☐ ein Mitarbeiter im Dienstleistungsbereich
☐ ein Großrechner im Unternehmenseinsatz
☐ Rechner für Webserver

**Was ist eine Hardwareplattform?**

[2 Fit-Punkte]

☐ Regal, in das Rechner eingefügt werden
☐ Motherboard eines Computers
☐ einheitliche Architektur und Ausstattung der Geräte

**Was ist das Kennzeichen der Virtualisierung?**

[3 Fit-Punkte]

☐ Unterscheidung zwischen physischen und logischen Ressourcen eines Rechners

- ☐ Nutzung einer IT-Infrastruktur
- ☐ Erhöhte Auslastung der Rechner

**Was sind Charakteristika von Open Source Software?**

[3 Fit-Punkte]

- ☐ Software, die eine Lizenz hat
- ☐ Software, deren Quellcode frei verfügbar ist
- ☐ Software, die kopiert werden darf
- ☐ Software, deren Quellcode verändert werden darf
- ☐ Software, die benutzt werden darf

**Was ist eine Produktsuite?**

[2 Fit-Punkte]

- ☐ ein vergünstigtes Produkt
- ☐ Produkte verschiedener Hersteller
- ☐ eine Reihe integrierter Produkte für einen Bereich

**Wie wird Hochverfügbarkeit umgesetzt?**

[2 Fit-Punkte]

- ☐ durch bessere Produktqualität
- ☐ durch Überwachung
- ☐ durch höhere Preise
- ☐ durch Redundanz

**Was ist die Besonderheit von Cloud Computing?**

[3 Fit-Punkte]

- ☐ Serviceanbieter übernimmt die Administration
- ☐ keine lokale Installation notwendig
- ☐ keine Lizenzkosten

**Dein Punktestand Etappe 7**
**[............... Fit-Punkte]**

# Etappe 8:
# Entwicklung von Software

## Startschuss: Schlagwörter und Prüfungstipps

**Was erwartet mich in dieser Etappe?**

Eine Übersicht des aktuellen Stands der Softwareentwicklung wird gegeben, indem die aktuellen Tendenzen in Bezug auf Technologien und Prozesse beleuchtet werden.

**Welche Schlagwörter lerne ich kennen?**

■ Software Engineering ■ Vorgehensmodelle ■ Programmiersprachen ■ Programmierparadigmen ■ Frameworks ■ Entwicklungsumgebungen, Entwicklungswerkzeuge

**Wofür benötige ich dieses Wissen?**

Um IT-Projekte zur Softwareentwicklung besser leiten und beurteilen zu können, ist es zum einen wichtig den aktuellen Stand der Technik zu kennen und zum anderen sich der spezifischen kritischen Punkte der vorgestellten Technologien und Prozesse bewusst zu sein.

**Welchen Prüfungstipp kann ich aus dieser Etappe ziehen?**

Die zentralen Begriffe und Tendenzen sollten verstanden und an einem Beispiel erläutert werden können.

**Los geht's!**

Während in den vorhergehenden Etappen eine Übersicht der aktuellen betrieblichen Informationssysteme gegeben und auf die Eigenschaften und Details der wesentlichen Kategorien von Informationssysteme eingegangen wurde, geht es in dieser Etappe vor allem um die Entwicklung von Software im Hinblick auf den Einsatz als betriebliche Informationssysteme. Aus diesem Grund sollen die Grundlagen der Softwareentwicklung diskutiert werden, da diese in erheblichem Maße die Entwicklung und den Einsatz von betrieblichen Informationssystemen beeinflussen. Außerdem stellen betriebliche Informationssysteme in der Regel den aktuellen Stand der Softwareentwicklung dar, da sie auf den üblichen Vorgehensweisen und Technologien des Software-Engineerings aufbauen.

## Grundlagen der Softwareentwicklung

Zwei Kennzeichen von Software sind, dass sie leicht änderbar und immateriell ist, was Segen und Fluch zugleich ist. Einerseits können kurzfristige Änderungen schnell berücksichtigt und eingepflegt werden, andererseits führte diese leichte Änderbarkeit zu einer Vielzahl von Varianten, die (aufwändig) getestet und später gewartet werden müssen, bevor sie in den produktiven Einsatz übernommen werden können. Der gesamte Prozess des Managements der Softwareentwicklung stellt eine weitere Herausforderung für viele Unternehmen dar.

Hinzu kommen noch viele weitere fachliche, organisatorische und technologische Schwierigkeiten bei der Implementierung einer Software, von denen beispielhaft nur die folgenden genannt seien:

- **Fachlichkeit**: Komplexität bei der vollständigen Erfassung aller funktionalen und nichtfunktionalen Anforderungen, z.B. der Features
- **Technologie**: Schwierigkeit die gewünschten Eigenschaften der Software in der zugrundeliegenden Programmiersprache zu codieren
- **Test und Support**: Notwendigkeit die implementierten Funktionalitäten auf Korrektheit und Vollständigkeit zu prüfen und zu warten
- **Architektur**: Entwurf einer nachhaltigen Architektur, die auch die zukünftigen Änderungen integrieren kann
- **Prozesse**: Vorgehensmodelle und Prozesse zur Entwicklung der Software
- **Management**: Koordination der beteiligten Personen, Technologien und Organisationen bezüglich der Projektziele

- **Kosten**: Die Einhaltung der Zeit- und Qualitätsvorgaben sowie des Kostenrahmens sowohl für die Entwicklung als auch für die spätere Wartung der Software

Diese verschiedenen Aspekte werden in den folgenden Abschnitten immer wieder aufgegriffen und adressiert. Es ist wichtig darauf hinzuweisen, dass es kein Verfahren gibt, das alle Probleme gleichzeitig löst.

Historisch gesehen führten die oben genannten, typischen Herausforderungen an die Softwareentwicklung schon früh zu einer ersten Bewusstseinsbildung, dass es eines systematischen und strukturierten Vorgehens bedarf, um die gewünschte Software innerhalb der gegebenen Randbedingungen, z.B. Zeit, Personal und Geld, zu erreichen. Hieraus ergab sich wiederum die Idee, die eigenständige wissenschaftliche Fachrichtung des Software Engineering zu schaffen, die versucht, ein „ingenieurmäßiges" Vorgehen auch auf die Softwareentwicklung zu übertragen.

Die wissenschaftliche Disziplin, zur systematischen Entwicklung von Software und die Untersuchung der damit zusammenhängenden Phänomene, Probleme und Lösungen, wird als **Software Engineering** bezeichnet.

Zwei Hinweise:

- Es ist insbesondere die Phase der Programmierung oder Codierung innerhalb des Softwareentwicklungszyklus von der Wissenschaftsdisziplin des Software-Engineerings zu unterscheiden.
- In dem aktuellen Kontext geht es um das Software-Engineering für betriebliche Informationssysteme, in Abgrenzung zur Softwareentwicklung für Echtzeitsysteme oder eingebettete Softwaresysteme, die vorwiegend in technischen Systemen oder Umgebungen eingesetzt werden.

Trotz der hohen Bedeutung der technologischen Aspekte, z.B. Programmiersprachen, IT-Infrastruktur, Werkzeuge, für die Softwareentwicklung, sollten die menschlichen und prozessorientierten Einflussfaktoren nicht unterschätzt werden. Die Softwareentwicklung kann als ein Dreiklang von Prozessen, Menschen und Technologien gesehen werden.

Dies ist umso wichtiger, da viele Informatiker tendenziell sehr technisch geprägt sind und deshalb einerseits die technologischen Aspekte überschätzen und andererseits die prozessualen und menschlichen Seiten vernachlässigen.

Insbesondere wenn es um die Erfassung der Anforderungen, die Kommunikation zum Auftraggeber oder die Einhaltung der Prozessabläufe innerhalb des Entwicklungsteams geht, spielen menschliche Aspekte eine wichtige Rolle.

Die Prozesse werden weitgehend durch das Vorgehensmodell festgelegt, das den Rahmen für den zeitlichen und organisatorischen Ablauf des Projekts festlegt. Hier kommt es häufig darauf an, dass der Umfang der verpflichtenden Prozesse auf das Projekt, das Team und die damit einhergehenden Ziele abgestimmt sind. Die Entwicklung einer Software für Medizingeräte hat deutlich höhere regulatorische Anforderungen für die Zertifizierung als eine Anwendung, die zur Berechnung der Kosten von erbrachten Leistungen eingesetzt wird.

Aufgrund des fortlaufenden technischen Fortschritts, des erhöhten Wettbewerbs- und Kostendrucks und der erhöhten Bedeutung von Software für das Tagesgeschäft, haben sich die Randbedingungen und Anforderungen an die heutige Praxis der Softwareentwicklung eher verschärft:

- Die Anforderungen an die zu entwickelnde Software sind mittlerweile so umfangreich und anspruchsvoll, dass diese von einer einzelnen Person nicht mehr verstanden werden kann, was notwendigerweise zu einer ausführlichen Dokumentation, dem Pflichtenheft, und Kommunikation der Ergebnisse innerhalb des Teams führt („**Fachlichkeit**").
- Viele Projekte umfassen mehrere Millionen Zeilen an Code, was nur durch eine Verteilung auf mehrere Entwicklungsteams, oft über verschiedene Zeitzonen und Unternehmen hinweg, möglich ist. Außerdem können solche Projekte nur noch mit erheblicher Unterstützung durch moderne Entwicklungsumgebungen[31] sowie durch die Nutzung aktueller Klassenbibliotheken

[31] Eine integrierte Entwicklungsumgebung wie z.B. Eclipse oder NetBeans ist die Zusammenstellung verschiedener Werkzeuge, wie z.B. Editor, Debugger, Compiler/Interpreter, in einem einzigen Produkt.

und Frameworks[32] geleistet werden („**Management**").

- Während es in der Vergangenheit durchaus üblich war, dass sich die Entwicklung einer neuen Softwareversion über 1 bis 2 Jahre hinziehen konnte, wird heutzutage erwartet, dass (spätestens) nach einem Jahr eine neue Version mit zusätzlichen Features geliefert wird. Open Source Communities und agile Vorgehensmodelle haben getreu dem Motto „Release early, release often" eine entsprechende Erwartungshaltung bei den Kunden geschaffen, sodass regelmäßig neue Versionen ausgeliefert werden müssen („**Architektur**", „**Prozesse**").
- Die meisten Softwareprodukte setzen auf eine Vielzahl von Werkzeugen, Klassenbibliotheken und Frameworks auf, sodass hier klare Abhängigkeiten bezüglich des Supports entstehen. Außerdem ist oft eine Unterstützung vieler Drittanwendungen, z.B. Datenbanken, unumgänglich. Diese Abhängigkeit von Drittprodukten erhöht signifikant den Test- und Wartungsaufwand, da alle betreffenden Versionen während der Tests und bei Änderungen geprüft werden müssen („**Test und Support**").
- Der globale Wettbewerbs- und Kostendruck hat dazu geführt, dass viele Entwicklungstätigkeiten in Länder mit niedrigerem Lohnniveau ausgelagert wurden (Offshoring), um die Entwicklungszeiten und -kosten zu reduzieren. Dies führt wiederum zu einem höheren Koordinationsaufwand und zu möglichen interkulturellen Problemen zwischen den verschiedenen Entwicklungsteams („**Kosten**").

Wie in den obigen Punkten zu erkennen ist, sind die *prinzipiellen* Herausforderungen der Softwareentwicklung über die Jahre hinweg dieselben geblieben oder haben sich aufgrund der technologischen und ökonomischen Situation eher noch verschärft, z.B. durch die Verkürzung der Vermarktungs- und Entwicklungszeiten („time to market"), der Reduzierung der Release-Zeiten oder dem globalen Wettbewerbs- und Kostendruck.

In den kommenden Abschnitten wird deshalb, im Kontext der Softwareentwicklung für betriebliche Informationssysteme, jeweils

---

[32] Unten wird der Begriff des Frameworks ausführlich erörtert und von dem der Klassenbibliothek differenziert.

ein ausgewählter Aspekt vorgestellt, der auf die entsprechenden Bereiche (Fachlichkeit, Technologie, Management, Architektur, Prozesse, Kosten, Tests und Support) besonders eingeht.

## Vorgehensmodelle

Ein **Vorgehensmodell** beschreibt die zu berücksichtigenden Phasen, Prozesse und Methoden bei der Entstehung und Wartung der Software. Es gibt dabei eine große Vielfalt an Vorgehensmodellen für die Softwareentwicklung[33]. Typische Phasen im Lebenszyklus der Software sind hierbei die folgenden:

- Erfassung der Anforderungen („Requirements Engineering")
- Entwurf der System Architektur („Design")
- Implementierung („Coding")
- Test der Funktionalität („Testing")
- Wartung („Maintenance, Refactoring")

Abbildung 30: Softwarelebenszyklus

Der Softwarelebenszyklus besteht aus einer Reihe von einzelnen Phasen, von den Anforderungen bis zur Wartung, die nacheinander bearbeitet werden. Die Vorgehensmodelle für die Softwareentwicklung unterscheiden sich u.a. darin, wie die einzelnen Phasen des Softwarelebenszyklus ausgeführt werden.

Während in der Vergangenheit vor allem das sog. Wasserfallmodell dominierte, das darauf basierte, dass die oben aufgeführten Phasen nur einmal nacheinander abgearbeitet wurden, fand in den letzten Jahren ein Wechsel zu den sog. agilen Vorgehensmodellen statt, von denen Extreme Programming, Kanban und Scrum die bekanntesten Vertreter sein dürften.

---

33 Vgl. Bunse, C. und von Knethen, A. (2008).

Obwohl die agilen Verfahren ursprünglich für kleine, überschaubare Teams gedacht waren, überwiegen für viele Projektleiter und Führungskräfte die Vorteile, die vor allem in den folgenden Bereichen gesehen werden:

- kurze Entwicklungszyklen, welche die Phasen Entwurf bis Test abdecken und sich auf ausgewählte Funktionalitäten konzentrieren, die dafür aber mehrfach durchlaufen werden;
- kontinuierliche Integration des Codes (sog. continuous integration), d.h. die tägliche Einbindung des geprüften Codes in die Gesamtanwendung;
- testgetriebene Implementierung (sog. test-driven development), d.h. die gleichzeitige Entwicklung des Codes und der zugehörigen Tests;
- rechtzeitige Einbeziehung der Benutzer, da aufgrund der kurzen Entwicklungszyklen bereits frühzeitig Teile der Anwendung zur Verfügung stehen;
- Bevorzugung des Ansatzes, der aus dem kommentierten Code eine (oft) automatisch generierte Dokumentation erstellt.

Das Vorgehensmodell selbst legt seinen Schwerpunkt auf die Prozesse und die sog. „best practices", die vom Projektleiter an den jeweiligen spezifischen Sachverhalt angepasst werden müssen. Dies bedeutet, dass die Projektleiter selbst über einen Entscheidungsspielraum verfügen, wie die entsprechenden Vorgaben der Phasen umgesetzt werden können. Hinzu kommt, dass diese Prozesse dabei von den entsprechenden Werkzeugen in allen Phasen (Anforderung, Entwurf, Codierung, Test, Wartung) unterstützt werden müssen, um so insbesondere auch die kontinuierliche Integration des Codes (z.B. durch das automatisierte Build) und die testgetriebene Umsetzung (z.B. durch ein Testmanagement) zu ermöglichen. Diese prozessbasierte Automatisierung vieler Routinetätigkeiten führt dazu, dass einerseits die Entwicklungskosten und -zeiten reduziert werden können, da sich die Entwickler so besser auf ihre Kernkompetenzen konzentrieren können, und andererseits die Qualität durch weitgehend automatisierte Test-, Build- und Integrationsverfahren erhöht oder zumindest stabil gehalten werden kann.

## Programmiersprachen

Eine **Programmiersprache** ist eine formale Sprache, die dazu entworfen wurde Algorithmen möglichst effizient auf einem Computer auszuführen. Obwohl die Auswahl einer Programmiersprache eine strategische Entscheidung ist, die weitgehend auf der Basis von technischen Argumenten entschieden werden dürfte, fließen trotzdem eine Reihe von weiteren Überlegungen, wie z.B. Prozesse, Kosten und Architektur, mit ein.

Programmiersprachen unterscheiden sich in

- ihrem grundlegenden Paradigma der Beschreibung (z.B. prozedural, funktional, objektorientiert)
- der Art der Übersetzung (z.B. Interpreter, Compiler)
- dem unterstützten Sprachumfang
- der Geschwindigkeit bei der Ausführung der Sprachkonstrukte
- den Schnittstellen (Application Programming Interfaces, APIs)
- der Ausrichtung (technisch, wirtschaftlich usw.)

Neben den funktionalen, technologischen Anforderungen existiert auch eine Reihe von nicht-funktionalen und wirtschaftlichen Eigenschaften:

- leichte Erlernbarkeit
- Unterstützung durch weitere Werkzeuge anderer Hersteller
- Reifegrad
- regelmäßige Versionen/Updates
- Ergänzung durch zusätzliche (Klassen-)Bibliotheken
- Marktanteil/-verbreitung

Programmiersprachen werden auch gerne nach einem zentralen Paradigma unterschieden, wie z.B.

- prozedural, z.B. Fortran, COBOL, Pascal, C
- funktional, z.B. Lisp, Haskell
- logisch, z.B. Prolog
- objektorientiert, z.B. Java, C++, C#
- Skriptsprachen, z.B. Python, JavaScript

Aktuell dominieren vor allem die allgemein ausgerichteten Programmiersprachen Java, C++ und C#, die auf einer Vielzahl von Plattformen angeboten und von vielen Werkzeugen unterstützt werden. Daneben gibt es aber auch eine Vielzahl von Programmiersprachen für einzelne Anwendungsbereiche, wie z.B. die Web-Programmierung oder die Skript-Programmierung.

Eng verbunden mit dem Begriff der Programmiersprache ist das Werkzeug zur Übersetzung der Programme. In der Regel gibt es für eine Programmiersprache verschiedene Implementierungen (des Übersetzers), so werden neben der Referenzimplementierung, z.B. für die Programmiersprache Java, mehrere Werkzeuge angeboten, die jeweils von unterschiedlichen Herstellern (z.B. von Oracle oder IBM) stammen. Im Fall von Java unterscheiden sie sich nicht in den funktionalen, sondern in den nicht-funktionalen Eigenschaften (z.B. Leistung, Zuverlässigkeit, Benutzbarkeit, s.o.), da der Sprachumfang und die Funktionalität standardisiert sind.

Die Aufgabe der Programmiersprache ist es, das fachliche Modell möglichst konsequent und geradlinig in ein formales Modell umzusetzen. Neben diesen funktionalen Anforderungen an die Vollständigkeit und Korrektheit der Übersetzung, existieren auch eine Vielzahl von nicht-funktionalen Anforderungen, wie z.B. Zuverlässigkeit, Leistung und Benutzbarkeit.

Um den Implementierungsaufwand zu reduzieren und gleichzeitig die Produktivität zu erhöhen, werden den Entwicklern immer umfassendere Komponenten und Pakete angeboten, die einfach angepasst und verwendet werden können. Dieser Ansatz erlaubt es, den Umfang des Sprachkerns klein zu halten und eine große Zahl von wiederverwendbaren Klassen und Funktionalitäten zu nutzen. Diese Erweiterungen oder Ergänzungen werden oft als Frameworks bezeichnet. Die Bandbreite geht hierbei von einfachen Klassenbibliotheken bis hin zur Ansammlung von domänen- oder anwendungsspezifischen Entwurfsmustern. Ein Entwurfsmuster ist die Beschreibung eines Lösungsvorschlags für ein häufig auftretendes, typisches Problem. Die Beschreibung liegt dabei oft bereits in einer Programmiersprache oder einer implementierungsnahen Form vor. Entwurfsmuster reduzieren deutlich den Aufwand für die Entwurfs- und Codierungsphase, da schon auf bewährte Lösungen zurückgegriffen werden kann.

# Frameworks

In der Praxis wird der Begriff des Frameworks oft sehr großzügig und wenig differenziert verwendet. Das Spektrum beginnt z.B. beim Java Collection Framework, das eine einfache Zusammenstellung von Java-Klassen darstellt, bis hin zu Spring, das einen Gegenentwurf zur Java Enterprise Edition bildet und somit in seiner Funktionalität deutlich über eine umfangreiche und komplexe Klassenbibliothek hinausgeht.

Aufgrund des fehlenden Konsenses über die charakteristischen Merkmale eines Frameworks seien deshalb nur beispielhaft einige typische Eigenschaften genannt:

- das Angebot von domänenspezifischen Implementierungen von Entwurfsmustern
- die Festlegung einer Softwarearchitektur, die von der Anwendung zu nutzen ist
- der Kontrollfluss der Anwendung wird vor allem durch das Framework selbst bestimmt (sog. inversion of control)

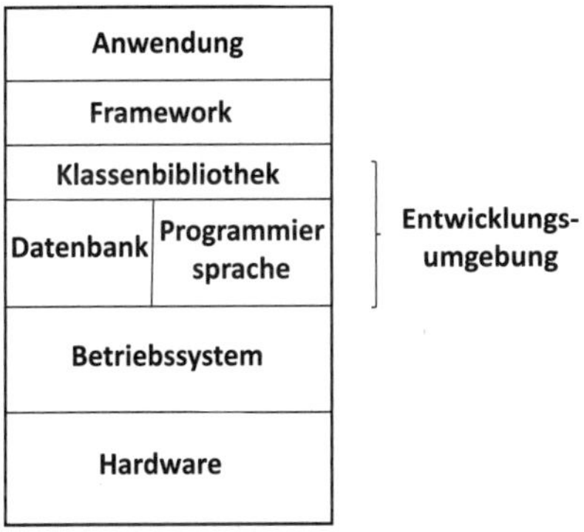


Abbildung 31: Positionierung eines Frameworks

Abbildung 31 zeigt den typischen Aufbau verschiedener Softwareebenen einer Anwendungsarchitektur. Die Datenbank und die Programmiersprache basieren auf dem Betriebssystem, das wiederum auf der Hardware aufsetzt. Die nächsthöhere Schicht wird durch die Klassenbibliothek (der Programmiersprache) gebildet, die in der Regel den Zugriff auf eine Datenbank und die Funktionalitäten der Programmiersprache erlaubt. Das Framework selbst befindet sich in der zweithöchsten Schicht und somit zwischen der Klassenbibliothek und der Anwendung.

Die prinzipielle Idee eines Frameworks ist dabei immer dieselbe: die Nutzung von bereits verfügbaren, Klassen, Komponenten oder Paketen, die für einen bestimmten Problem- oder Anwendungsbereich bereits bewährte Lösungen oder Funktionen anbieten. Statt also „das Rad immer neu zu erfinden“, soll explizit die Wiederverwendung von Software unterstützt und gefördert werden.

Die Zielsetzungen, die mit Frameworks verbunden werden, teilen sich auf in quantifizierbare, materielle Ziele, wie z.B.

- die Reduzierung der Entwicklungszeiten und -kosten,
- die Verkürzung des Entwicklungs-, Test- und Wartungsaufwands

und den schwieriger zu erfassenden qualitativen Zielen, wie z.B.

- die Erhöhung der Softwarequalität,
- die leichtere Erlernbarkeit,
- die bessere Nutzbarkeit,
- die breite Verfügbarkeit von Experten, Dokumenten, Schulungs- und Beratungsdienstleistungen.

Bei der Abwägung, ob der Einsatz eines Frameworks sinnvoll ist, müssen die obigen Vorteile gegenüber den folgenden potentiellen Nachteilen abgewogen und priorisiert werden:

- die Abhängigkeit vom Anbieter,
- der Aufwand zur Einarbeitung,
- die Prozesse bei der Behebung von Fehlern.

Im Grunde geht es dabei um die klassische „Make-or-buy“-Entscheidung, d.h. ob die benötigten Funktionen selbst erstellt oder hinzugekauft werden sollten.

Bekannte Beispiele für Frameworks sind:

- Spring: zur Erweiterung der Java Standard Edition
- Hibernate: zur Speicherung von objektorientierten Daten in relationalen Datenbanken

- JUnit: zum funktionalen Test von Java-Komponenten

Die Frameworks können auch nach ihren Einsatzfeldern kategorisiert werden, bezogen auf eine spezifische Problemdomäne (z.B. die Durchführung von Tests oder die Codierung einer Benutzeroberfläche) oder einen Produkt- oder Technologiebereich (z.B. Web, Datenbanken).

Für den praktischen Einsatz in einer betrieblichen Anwendung stellt sich, neben den bereits erwähnten Aspekten, natürlich auch die Frage, ob

- das betreffende Framework auch noch zukünftig auf dem Markt verfügbar sein wird (Zukunftssicherheit)
- der Reifegrad des Frameworks ausreichend ist (Qualität)
- die Verbreitung des Frameworks zufriedenstellend ist (wegen fehlender Standards)

Insbesondere in Bereichen, wo bereits eine umfassende standardisierte Klassenbibliothek besteht, wie z.B. der Java Enterprise Edition oder dem .Net Framework, ist die Nutzung der Frameworks von Drittherstellern immer mit dem Risiko verbunden, dass deren Funktionalitäten auch leicht in die offiziellen Standardbibliotheken integriert werden können. Es besteht also bei Frameworks inhärent immer das Risiko, dass sie mit den offiziellen Klassenbibliotheken kollidieren.

## Service-orientierte Architektur (SOA)

Eine **service-orientierte Architektur (SOA)** ist nicht an eine spezifische Technologie oder Plattform gebunden, sondern sie erlaubt die Koordination und Organisation von verteilten IT-Services. Die IT-Services können dabei von unterschiedlichen Anbietern stammen und über verschiedene Plattformen angeboten werden.

Im Grunde geht es also um ein Architekturmuster, das

- auf der Nutzung von **verteilten** Diensten basiert
- die miteinander **verknüpft** werden und
- **plattform**- und **technologieunabhängig** ist

Im Kern geht es um das Aufbrechen der großen, monolithischen Softwarearchitekturen in kleine, in sich abgeschlossene, agile Dienste, die über das Netzwerk angeboten werden können. Das Ziel ist die Wiederverwendung von IT-Services, die klar definierte Schnittstellen und Funktionalitäten haben. Das Konzept der serviceorientierten Architektur (SOA) geht damit auch klar über die Idee der Klassenbibliothek hinaus, die innerhalb derselben Softwaretechnologie und Plattform verbleibt.

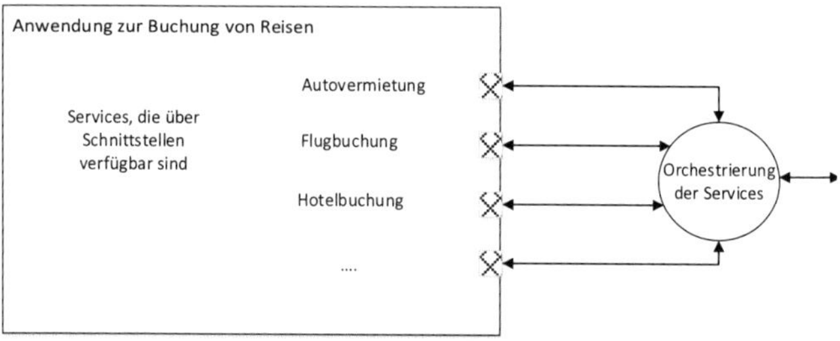


Abbildung 32: Anwendung einer serviceorientierten Architektur am Beispiel einer Reisebuchung

In Abbildung 32 ist auf der linken Seite eine Anwendung zur Buchung von Reisen zu sehen, die ihre verschiedenen Funktionen, wie z.B. die Autovermietung, die Flug- oder die Hotelbuchung, über (externe) Schnittstellen als Services zur Verfügung stellt. Außerhalb der Anwendung, d.h. auf der rechten Seite der Abbildung, kann durch ein externes Programm eine Koordination der Services erfolgen (sog. Orchestrierung der Services). Im Gegensatz zu einer monolithischen Anwendung für die Reisebuchung, erlaubt die service-orientierte Architektur die gezielte Auswahl einzelner Services, z.B. nur die Autovermietung oder nur die Hotelbuchung, statt der Verwendung der gesamten Anwendung.

Neben der technischen gibt es hier allerdings auch eine betriebswirtschaftliche und rechtliche Dimension, denn die Nutzung von (anderen) IT-Services ist in der Regel kostenpflichtig und erfordert eine vertragliche Zustimmung zwischen Anbieter und Nutzer des Services. Weiterhin ist zu berücksichtigen, dass Serviceanbieter den üblichen Auswahlkriterien für Zulieferer unterworfen werden müssen, um die Sicherheit, Leistung und Zuverlässigkeit des sich daraus ergebenden (eigenen) IT-Services sicherzustellen.

In der Praxis wird der oben beschriebene allgemeine SOA-Ansatz auf eine *Webservice*-Architektur abgebildet, die auf offenen Internet-Standardprotokollen und –technologien, wie z.B. HTTP und XML, SOAP, basiert. Eine SOA könnte prinzipiell aber auch mit anderen Technologien durchgeführt werden.

Zusammenfassend kann gesagt werden:

- Die SOA beschreibt ein sehr allgemeines Architekturmodell.
- Ein Service wird definiert über **eine Schnittstelle**, in der die Funktionalität festgelegt wird.

Weitere häufige Anforderungen an die SOA sind, dass sie

**plattformübergreifend** (d.h. Hardware-, Betriebssystem-, Programmiersprachen-übergreifend) ist,

**unternehmensübergreifend** ist

und der Service einen Geschäftsprozess implementiert.

Service-orientierte Architekturen werden in bestimmten Anwendungsbereichen, wie z.B.

- der Nutzung von Geo-Informationssystemen,
- der Orchestrierung von Geschäftsprozessen,
- und der Einbindung von Zulieferern

eingesetzt, wo sie ihre Stärken (z.B. Wiederverwendung, Unabhängigkeit von Betriebssystemen und Programmiersprachen) ausspielen können.

Die prinzipiellen Nachteile sind im Wesentlichen

- die Abhängigkeit in Bezug auf die Qualität, die Zuverlässigkeit und die Leistung von den Anbietern der (Web-)Services,
- die Abhängigkeit vom zugrundeliegenden Netzwerk, über das die verteilten Dienste miteinander kommunizieren,
- der erhöhte Aufwand für SOAP und die Verschlüsselung der zu übertragenden Daten.

## Modellgetriebene Architekturen (MDA)

Neben den üblichen Ansätzen die bestehenden Programmiersprachen, Klassenbibliotheken oder Werkzeuge immer weiter zu verbessern, gab es in den vergangenen Jahren wiederholt den Versuch, das klassische Programmierparadigma abzulösen und – vereinfacht gesagt – die Programmierung durch eine Modellierung zu ersetzen.

Eine **modellgetriebene Architektur (Model Driven Architecture)** hat als zugrundeliegende Idee, dass für jeden Anwendungsbereich eine entsprechende domänenspezifische Sprache zu schreiben ist, in der die zu lösenden betrieblichen Problemen modelliert und anschließend von der Software gelöst werden können. Statt einer allgemeinen, generischen Programmiersprache wie Java oder C# kommt also eine spezialisierte(re) Fachsprache zum Tragen, die es dem fachlichen Experten ermöglicht eigenständig, d.h. ohne Unterstützung von Programmierern, das Problem zu modellieren und den Algorithmus zu beschreiben (statt selbst zu programmieren). Das ist zumindest die prinzipielle Annahme der zugrundeliegenden Theorie einer modellgetriebenen Architektur.

> In der Praxis erweist sich hingegen die Definition und die Implementierung der domänen-spezifischen Sprachen als schwierig und aufwändig, zumal es noch keine diesbezüglichen unternehmensübergreifenden branchenweiten Standardlösungen gibt.
>
> Außerdem benötigen die meisten Fachexperten weiterhin die Hilfe von Programmierern und Beratern, um ihr Wissen in die formale Sprache zu übertragen, da ihnen die notwendige Erfahrung bei der Modellierung in dieser Sprache fehlt.
>
> Die Modellierung gerät oft ähnlich komplex und herausfordernd wie ein vergleichbares Programm, sodass die Verwendung des modellgetriebenen Ansatzes nicht automatisch zu geringeren Entwicklungszeiten und -kosten führt.

## Werkzeuge für die Softwareentwicklung

Die **Entwicklungswerkzeuge** sind in den vergangenen Jahren immer umfangreicher und vielfältiger geworden, vergleichbar dem allgemeinen Trend von Softwareprodukten.

Spezifisch für den Bereich der Werkzeuge scheint sich jedoch ein Trend abzuzeichnen, der weg von der Fokussierung auf einzelne Phasen (z.B. Entwurf, Codierung, Test) oder Funktionen (z.B. Qualitätssicherung, Metriken, Fehlerverfolgung) hin zur Abdeckung von allen oder (größeren) Teilen des gesamten Produktlebenszyklus (Product Management Lifecycle) führt. Eine logische Konsequenz davon ist, dass verstärkt integrierte Produktsuiten eingesetzt werden, statt die jeweils besten Produkte der jeweiligen Kategorien selbst miteinander zu verbinden (sog. „best-of-breed"-Ansatz). Dies ist vergleichbar zu dem Plattform-Konzept, das bereits in Etappe 7 ausgeführt wurde und eine durchgehende Integration der Werkzeuge erlaubt. Aus der Perspektive des IT-Managements ergeben sich hier vor allem Möglichkeiten zur Vereinfachung der Administration und damit die Reduzierung der damit verbundenen Kosten.

Weiterhin setzen sich zunehmend Open Source-basierende Entwicklungsumgebungen, wie z.B. Eclipse, durch, die um weitere Komponenten ergänzt und so auf die Bedürfnisse der Entwickler angepasst werden.

Die wesentlichen Vorteile der Open Source Werkzeuge sind, dass

- sie kostenlos sind,
- sie regelmäßig und schnell erneuert werden (wichtig aufgrund der Häufigkeit von Technologiewechseln),
- sie bereits über die wichtigen Features verfügen,
- sie einfach integriert und genutzt werden können
- und ihr hoher Verbreitungsgrad.

Außerdem werden neue Technologien bevorzugt als Open Source Projekte gestartet, um die Nutzung und somit auch die Marktakzeptanz zu beschleunigen.

## Zwischenstand: Fragen und Antworten

**Bist du fit für die Prüfung?**

Beantworte die folgenden Fragen und finde heraus, ob du die Inhalte dieser Etappe verinnerlicht hast. Die Antworten stehen online für dich bereit. Folge einfach dem QR-Code am Ende des Fragenkatalogs oder dem Link:

**fit-lernhilfen.de/wi/8.htm**

Addiere die Fit-Punktzahlen der korrekt beantworteten Fragen, die in der eckigen Klammer angegeben sind, und notiere diese in der Auswertung am Ende des Buches, um deinen Fitness-Stand später zu errechnen.

**Was ist Software Engineering?**

[1 Fit-Punkt]

- ☐ ein Vorgehensmodell zur Softwareentwicklung
- ☐ wissenschaftliche Disziplin zur systematischen Entwicklung von Software
- ☐ die Nutzung von Software in den Ingenieurwissenschaften

**Was ist ein Software-Lebenszyklus?**

[2 Fit-Punkte]

- ☐ ein Projektplan zur Softwareentwicklung
- ☐ ein Zyklus der Softwareentwicklung
- ☐ alle Phasen, die eine Software vom Entwurf bis zur Wartung durchläuft
- ☐ die Phasen vom Entwurf bis zum Test

**Was sind Kennzeichen agiler Vorgehensmodelle?**

[3 Fit-Punkte]

- ☐ Kurze Implementierungszyklen
- ☐ Lange Planungsphasen
- ☐ Kontinuierliche Integration des Codes
- ☐ Häufige Releases

**Was sind aktuelle Randbedingungen heutiger Softwareentwicklung?**

[3 Fit-Punkte]

- ☐ lange Entwicklungszeiten
- ☐ umfangreiche Software-Produkte, mit mehreren Millionen Zeilen an Code
- ☐ Vielzahl von Technologien und Werkzeugen
- ☐ geringe Komplexität der Anforderungen

**Was sind Voraussetzungen modellbasierter Architektur?**

[2 Fit-Punkte]

- ☐ ausdrucksstarke Programmiersprache
- ☐ domänen-spezifische Sprache
- ☐ Modellierung der Problemdomäne

**Was ist die treibende Kraft bei Produktsuiten?**

[2 Fit-Punkte]

- ☐ Höhere Funktionalität
- ☐ Verbindung zwischen den besten Produkten
- ☐ Integration zwischen den Produkten

**Dein Punktestand Etappe 8**
**[.............. Fit-Punkte]**

# Etappe 9:
# Business Intelligence

## Startschuss: Schlagwörter und Prüfungstipps

### Was erwartet mich in dieser Etappe?

Business Intelligence deckt die Verfahren, Technologien und Prozesse ab, die die Analyse von Daten zur (besseren) Entscheidungsunterstützung ermöglichen.

### Welche Schlagwörter lerne ich kennen?

■ Business Intelligence ■ Analyse ■ Datenbasierende Entscheidungsunterstützung ■ Data Warehouse ■ Data Mart ■ Online Analytical Processing (OLAP) ■ Data Mining ■ Predictive Analytics

### Wofür benötige ich dieses Wissen?

Um die Voraussetzungen und die Vor- und Nachteile der einzelnen Ansätze besser beurteilen und somit über deren Einsatz in der Praxis besser entscheiden zu können.

### Welchen Prüfungstipp kann ich aus dieser Etappe ziehen?

Die einzelnen Begriffe müssen klar voneinander differenziert werden und die praktischen Auswirkungen des Business Intelligence sollten an Beispielen gezeigt werden können.

**Los geht's!**

Der entscheidende Wettbewerbsvorteil von Unternehmen besteht zunehmend in der rechtzeitigen und intensiven Analyse all der Daten über Kunden, Produkte, Geschäftspartner und internen Geschäftsabläufen, die bereits im Unternehmen vorliegen. Das Ziel ist es, diese bislang oft verborgenen Datenschätze zu identifizieren, zu nutzen und den vorhandenen Informationssystemen zur Verfügung zu stellen, sodass daraus bessere und fundierte unternehmerische Entscheidungen abgeleitet werden können.

Im nächsten Abschnitt werden daher zuerst die typischen betrieblichen Entscheidungsunterstützungs- und Berichtssysteme motiviert, die für die meisten Unternehmen eine geschäftskritische Bedeutung haben. Die Berichtssysteme stellen die Ergebnisse der Business Intelligence dar, während die Entscheidungsunterstützungssysteme oft sogar selbst Business Intelligence Werkzeuge enthalten.

Im nachfolgenden Abschnitt werden die zugrundeliegenden Verfahren zur Erfassung und Konsolidierung der Daten besprochen. Diese Ansätze zur Aufbereitung der Daten sind notwendig, um die Daten analysieren und bewerten zu können.

Anschließend werden die Verfahren zur Datenanalyse diskutiert, wobei das Data Mining die Herleitung neuer Sachverhalte basierend auf historischen oder aktuellen Daten ermöglicht, während die Predictive Analysis versucht mögliche Entwicklungen vorherzusagen.

## Entscheidungsunterstützungs- und Berichtssysteme

In Unternehmen müssen täglich Entscheidungen getroffen werden, die sich in der Regel auf die verfügbaren Daten über Produkte, Services, Kunden und Zulieferer stützen. Diese Daten müssen erfasst, vorbereitet und analysiert werden.

Die daraus resultierenden Ergebnisse werden entsprechend für die Entscheidungssysteme und Berichtssysteme verarbeitet. Diese wurden in Etappe 3 bereits als Management Information Systems (MIS) und Decision Support Systems (DSS) vorgestellt. Hierbei müssen eine Reihe von Fragestellungen und Randbedingungen berücksichtigt werden:

- Sowohl der Umfang der zu betreffenden Daten als auch die Geschwindigkeit, mit der sich die Daten ändern, steigt.
- Die relevanten Daten sind auf verschiedene betriebliche Informationssysteme verteilt und in heterogenen Formaten verfügbar, sodass diese zuerst vereinheitlicht, strukturiert und konsolidiert werden müssen.

- Der große Umfang der Daten und die aufwändigen Berechnungsverfahren der Analysen führen – aufgrund ihrer Komplexität - zu erheblichen Verarbeitungszeiten.
- Die Ergebnisse der Datenanalysen sind in der Regel als Entscheidungsgrundlagen für Führungs- und Leitungskräfte im mittleren und oberen Management gedacht.
- Datenbasierte Analysen ermöglichen eine bessere Transparenz und Nachvollziehbarkeit von Entscheidungsgrundlagen.

Entscheidungen setzen normalerweise ein umfassendes Wissen über den Sachverhalt voraus. Dieses Wissen geht über typische einfache Anfragen an Datenbanken, hinaus, denn es erfordert eine tiefgehende Analyse der Daten und die Kenntnis der zugrundeliegenden kausalen Zusammenhänge.

Einfache Anfragen, wie z.B. die Zahl der verkauften Produkte oder der verbrauchten Materialien, können normalerweise durch direkte Anfragen an die Datenbanken von betrieblichen Informationssystemen, wie z.B. Produkt-Datenbanken, gelöst werden. Komplexere Anfragen, z.B. welche Produkte, überdurchschnittlich oft gemeinsam in einem bestimmten Zeitraum oder in einer spezifischen Region verkauft werden, lassen sich normalerweise nicht auf eine einzelne Datenbankanfrage abbilden, sondern sie erfordern die Verknüpfung mehrerer Anfragen.

> Leider ist dieses Wissen über die Positionierung von Produkten oft nicht explizit verfügbar, sondern auf eine Vielzahl von Datenquellen und Informationssystemen verteilt. Komplexe Entscheidungen, z.B. über die Durchführung von Produktkampagnen, setzen aber eine tiefere Kenntnis, u.a. über die Zusammenhänge zwischen einzelnen Produkten, voraus. Ein typisches Beispiel ist dabei die von Amazon generierte Liste an weiteren Vorschlägen für Käufer eines Produkts („Kunden, die diesen Artikel gekauft haben, kauften auch ...“) .

Ein Produktmanager, der für den Vertrieb mehrerer Produkte verantwortlich ist, möchte zum Beispiel gerne wissen, wo, wann und unter welchen Bedingungen sich Produkte am besten verkaufen. Hierzu reicht es nicht aus nur zu wissen, wie viele Exemplare in einer Region zu einem bestimmten Zeitpunkt verkauft wurden (Beispiel einer einfachen Abfrage), sondern es wäre ebenso sinnvoll zu wissen, zu welchen Preisen diese angeboten und ob sie mit anderen Produkten kombiniert wurden. Außerdem sollten die Verkaufszahlen über einen längeren Zeitraum beobachtet werden, um so empirisch belastbare Erkenntnisse abzuleiten.

Die Analyse und die Bewertung der Gesamtheit der obigen Daten führen zu einem besseren Verständnis über die bestmögliche Positionierung von Produkten. Aus diesem Grund wird eine Entscheidungsunterstützung benötigt, die auf Daten und Fakten basiert (statt auf Vermutungen). Insbesondere in Anwendungsbereichen, in denen die vorliegenden Daten, z.B. Zahlen, Texte, Bilder, Filme, wenig strukturiert sind, empfiehlt sich zuerst eine Aufbereitung und Strukturierung der Daten, bevor die Analyse angewendet werden kann.

Business Intelligence bietet verschiedene Ansätze an, um vorhandene Datenmengen auszuwerten und so neues Wissen daraus abzuleiten. Es deckt dabei den vollständigen Prozess, von der Datenerfassung bis hin zur Generierung der entsprechenden Vorlagen für Entscheidungsunterstützungs- und Berichtssysteme für Führungs- und Leitungskräfte ab.

Unter dem Oberbegriff **Business Intelligence (BI)** wird eine Vielzahl von Verfahren und Technologien zur Analyse von Datenmengen verstanden, um so die unternehmensinterne Entscheidungsunterstützung zu verbessern.

Es ist wichtig darauf hinzuweisen, dass Business Intelligence keine spezielle Technologie darstellt oder ein Produkt ist, sondern ein Sammelbegriff für sehr unterschiedliche Verfahren und Produkte. In den folgenden Abschnitten werden sowohl die vorbereitenden Phasen als auch die eigentlichen Analysetechniken beschrieben.

Das übergeordnete Ziel des Business Intelligence ist, den Führungs- und Leitungskräften die benötigten Dokumente für die entsprechenden Unternehmensentscheidungen bereit zu stellen. Von den Führungskräften werden diese Vorlagen genutzt, um z.B. ein auf Fakten basierendes, besseres Verständnis der Kundenbedürfnisse zu entwickeln oder bessere Investitionsentscheidungen in einzelnen Unternehmensbereichen, wie z.B. Logistik, Produktion, Marketing oder Vertrieb, zu tätigen. Die zu erwartende Konsequenz ist, dass somit der Umsatz gesteigert werden kann oder bessere Produkte entwickelt werden können.

Das prinzipielle Verfahren für die Entscheidungsunterstützung umfasst dabei die folgenden Phasen:

- Erstellung der Datenbasis durch die Erfassung und Normalisierung der Daten
- Auswahl der Analysewerkzeuge erfolgt abhängig vom Kontext und den Daten
- Generierung der Berichte für die betrieblichen Informationssysteme

In den folgenden Abschnitten geht es die Umsetzung dieser beiden erste Schritte.

## Erfassung und Konsolidierung der Daten

Bevor die Daten analysiert werden können, müssen diese zuerst erfasst und konsolidiert werden. In einem Unternehmen sind sehr viele unterschiedliche Datenquellen vorhanden. Ein Teil der Daten kann dabei den betrieblichen Informationssystemen, wie z.B. dem ERP-System, entnommen werden. Andere Daten liegen eventuell in anderen Medien, z.B. in Papierform vor und müssen erst in ein elektronisches Format umgewandelt werden. Das Ziel ist also eine gemeinsame Datenbasis zu etablieren, die für die Datenanalyse geeignet ist. Dieses Vorgehen wird oft auch als Aggregation oder Konsolidierung bezeichnet und wird durch den Begriff „ETL“ (extract, transfer, load) beschrieben.

In Abbildung 33 wird die Umsetzung des ETL-Prinzips anhand eines konkreten Beispiels gezeigt. Die Daten werden hier exemplarisch aus dem ERP-System, weiteren betrieblichen Informationssystemen und einer Marketing-Datenbank ausgewählt und extrahiert. Der Transfer der Daten in das Data Warehouse beinhaltet die Normalisierung und ggf. die Ergänzung der Datensätze. Abschließend werden die resultierenden Datensätze in der Datenbank des Data Warehouses geladen.

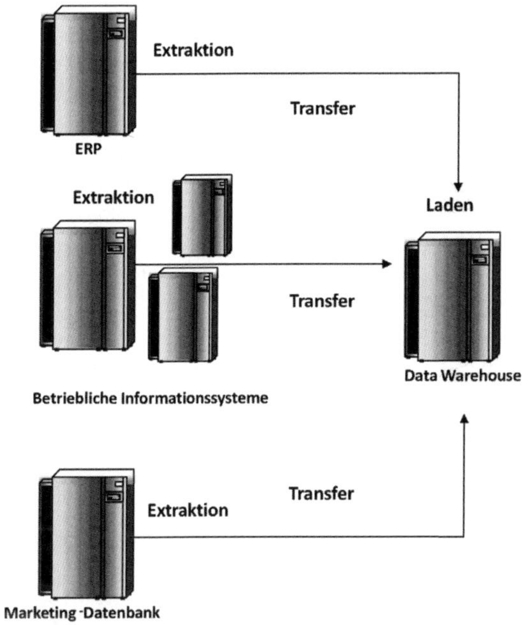


Abbildung 33: Extraktion, Transfer und Laden der Daten in das Data Warehouse

Die Abkürzung **ETL** steht für **Extract**, **Transfer**, **Load** und bezeichnet die verschiedenen Verfahrensschritte, die die Daten durchlaufen müssen, um in einer gemeinsamen Datenbasis abgespeichert zu werden.

Diese gemeinsame Datenbank wird als **Data Warehouse** bezeichnet und in ihr sind alle für die Analyse erforderlichen Daten in einem einheitlichen Format und Modell gespeichert. Ein **Data Mart** bezeichnet einen Ausschnitt oder Teil des Data Warehouses. Es handelt sich also um ein kleines Data Warehouse.

Die Daten werden aus den operativen IT-Systemen **extrahiert**, in ein gemeinsames Format **transferiert** und abschließend in eine separate Datenbank **geladen.**

Zuerst müssen die Informationen aus den produktiven betrieblichen Informationssystemen, wie z.B. dem ERP-System, erfasst werden (Datenerhebung). Es handelt sich in der Regel nur um eine **Auswahl** der für die Analyse relevanten Daten, da ansonsten die Gesamtheit des Datenvolumens zu umfangreich und somit zu aufwändig zu bearbeiten wäre.

Beispielsweise können die aktuellen Verkaufszahlen direkt aus dem ERP-System des Unternehmens gezogen werden und mit Produktionszahlen oder den Abrechnungen der einzelnen Vertriebsmanager abgeglichen werden. Bei einer Analyse der Vertriebszahlen können aber beispielsweise die Daten über die Materialzusammensetzung des Produkts oder über den Fertigungsprozess ignoriert werden.

Der nächste Schritt ist die Überprüfung der Datenqualität, z.B. auf die Vollständigkeit oder Korrektheit der Datensätze, die dadurch erreicht wird, dass die extrahierten Daten anhand zusätzlicher Datenquellen validiert werden (Datenbereinigung). Die beiden Phasen der Datenerfassung und Datenbereinigung bilden gemeinsam den **Extract** der Daten.

Anschließend müssen die Daten normiert und in eine gemeinsame Datenstruktur überführt werden, denn sie unterscheiden sich häufig im Format, in der Qualität oder auch in den Datenmodellen (Datentransformation). Zum Beispiel können Graphiken oder Bilder in ein gemeinsames Format umgewandelt werden, ebenso können Zahlen oder Texte vereinheitlicht werden. Dies entspricht dem **Transfer** der Daten.

Abschließend werden die Daten in einer Datenbank, die als Data Warehouse bezeichnet wird, abgelegt, was dem oben geschilderten **Load** entspricht. Das Data Warehouse stellt die Datenbasis für alle Analyseverfahren dar. Aufgrund der aufwändigen Berechnungen werden die Ergebnisse dort abgespeichert, da es zu lange dauern würde, sie immer wieder neu zu berechnen.

Aus dem Data Warehouse oder den operativen Datenbeständen des Unternehmens werden für die Analyse wichtige Daten in Form von mehrdimensionalen Datenwürfeln aggregiert, d.h. zusammengestellt. Jede Dimension beschreibt dabei einen für die Analyse wichtigen Aspekt, z.B. die Absatzzahlen, die Zeitintervalle, die Produktkategorien, die Region und die Kundenkategorien.

Das typische Beispiel für die mehrdimensionale Datenanalyse ist ein dreidimensionaler Datenwürfel, bei dem die Absatzzahlen, nach Regionen, über die Zeit und Produktkomponenten aufgeschlüsselt werden.

Anschließend können im Rahmen des Online Analytical Processing (OLAP) Anfragen an die Datenbank gestellt werden. Die Anfragen sind dabei hypothetische Vermutungen, die bestätigt oder verworfen werden.

**Online Analytical Processing (OLAP)** bezeichnet Analysetechniken, die auf der Auswertung der mehrdimensionalen Datenwürfel basieren. Jede Dimension beschreibt dabei einen relevanten Aspekt und kann in Abhängigkeit von den anderen untersucht werden. Die Analyse bestätigt oder verwirft die zu überprüfende Anfrage.

Im Gegensatz hierzu geht es beim Data Mining darum neue Sachverhalte und mögliche kausale Zusammenhänge in den Datenbeständen erst zu entdecken. Im nächsten Abschnitt wird es um die verschiedenen Analyseverfahren gehen und welche neuen Informationen hergeleitet werden können.

## Data Mining

Während klassische Datenbankabfragen bislang nur bekannte Zusammenhänge oder Fakten wiedergeben, ist die Idee des Data Minings oder des Data Discovery mögliche Beziehungen zwischen den einzelnen Daten zu untersuchen und so eventuelle neue kausale Zusammenhänge innerhalb der Datenmenge zu entdecken. Dies wird auch als explorative Datenanalyse bezeichnet.

Der Bereich des maschinellen Lernens hat vergleichbare Ziele, wobei es sich vom Data Mining dadurch unterscheidet, dass es **bekannte Zusammenhänge** in **neuen Datensätzen** erkennen sollte, während Data Mining **neue Zusammenhänge in bekannten Datensätzen** erkennen sollte. Beide Ansätze stützen sich dabei vorwiegend auf statistische Methoden.

**Data Mining** bezeichnet Verfahren, die bisher unbekannte Zusammenhänge und Korrelationen in den Daten entdecken. Es geht also um die Entdeckung bislang verborgener Korrelationen, die aufgrund statistischer Methoden vorgeschlagen werden können.

Zwei typische, ausgewählte Verfahren des Data Mining werden in der folgenden Übersicht kurz erläutert:

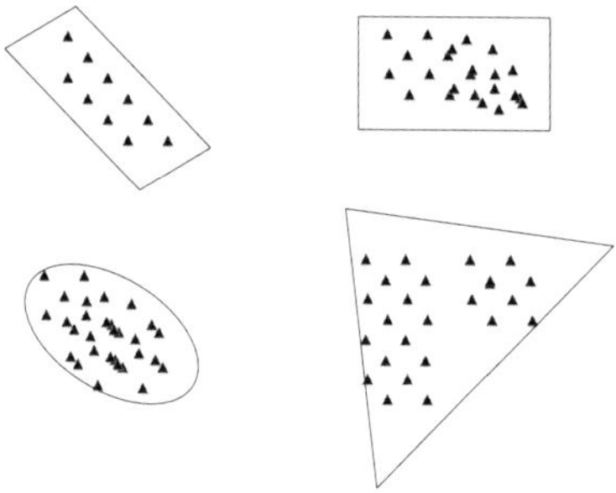

Abbildung 34: Clusteranalyse

Die Punkte, die auf der Karte verteilt sind, werden zu gemeinsamen Gruppen, d.h. Clustern zusammengefasst. Im vorliegenden Fall werden alle Punkte, die in einem gemeinsamen räumlichen Bereich liegen, jeweils in einem Cluster eingebunden. Das Ähnlichkeitsmaß ist die räumliche Entfernung zu- bzw. voneinander.

- Clusteranalyse: basierend auf den gemeinsamen Attributen (der einzelnen Objekte) werden Gruppen oder Cluster von Objekten mit ähnlichen Merkmalen gebildet. Die Schwierigkeit besteht in der Festlegung des Ähnlichkeitsmaßes und der sich daraus ergebenden Anzahl der Cluster.

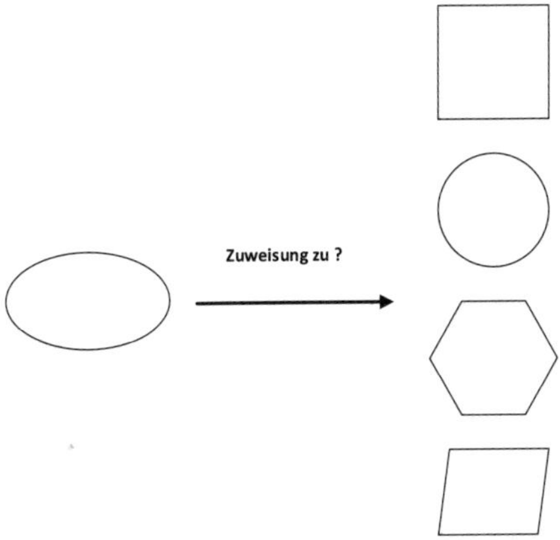


Abbildung 35: Klassifikation

In der vorliegenden Abbildung befindet sich auf der linken Seite eine Ellipse und auf der rechten Seite stehen die Klassen Quadrat, Kreis, Sechseck und Parallelogramm zur Verfügung. Die Frage, die sich bei der Klassifikation stellt ist nun, zu welcher Klasse, die Ellipse gehört.

- Klassifikation: für ein neues Objekt wird berechnet, zu welcher bereits existierenden Klasse es gehört. Analog zur Clusteranalyse ist das Ähnlichkeitsmaß entscheidend. Im Unterschied zur Clusteranalyse existieren jedoch die Klassen bereits und es geht nur um die Berechnung der Zugehörigkeit des Objekts.

Typische Anwendungsbereiche für Data Mining in Unternehmen liegen z.B.

- in der Erkennung von Kreditkartenbetrug, d.h. ob es sich um ein für den Kreditkartenbetrug typisches Verhaltensmuster handelt (Klassifikation)
- in der Entscheidung, ob ein Kreditantrag bewilligt werden sollte, d.h. der Zuordnung eines konkreten Kreditantrags zu einer Bewertungsklasse (Klassifikation)
- in der Empfehlung von ähnlichen Medieninhalten (Bücher, Musik, Filme, TV Serien usw.) für bestimmte Kundengruppen (Clusteranalyse)

- in der Einteilung und Bewertung von Kunden, die an bestimmten Produkten oder Dienstleistungen interessiert sein könnten (Clusteranalyse)

Es ist darauf hinzuweisen, dass die Korrektheit der statistischen Methoden, die dem Data Mining zugrunde liegen, in der Regel auf bestimmten Annahmen und Voraussetzungen beruht, die gewahrt sein müssen.

Während es sich bislang um rückwärtige oder aktuelle Betrachtungen handelte, geht es in dem folgenden Abschnitt um zukünftige Tendenzen.

## Predictive Analytics

Die in den vorherigen Abschnitten vorgestellten Techniken beziehen sich in der Regel auf Daten, die in der Vergangenheit und Gegenwart erfasst wurden und deshalb bisherige Trends beschreiben. Es ist aber natürlich auch interessant, diese Erkenntnisse für die Zukunft zu nutzen und weiterzuentwickeln. Aus dieser grundlegenden Idee heraus entwickelte sich der Bereich der Predictive Analysis.

**Predictive Analytics** ist ein Sammelbegriff für verschiedene mathematische Verfahren, um aus historischen Daten zukünftige Entwicklungen abzuleiten.

Diese Verfahren sind zum Beispiel sehr hilfreich, um zukünftige Absatz- oder Produktionszahlen besser abzuschätzen, insbesondre auch in Abhängigkeit von diversen externen und internen Faktoren, wie z.B. den Ausgaben für Werbekampagnen, saisonalen Einflüssen oder den Aktionen der Wettbewerber.

Um die Anzahl der möglichen Aussagen übersichtlich zu halten, wird normalerweise mit Szenarien gearbeitet, die jeweils die Ausgangswerte für die wichtigsten Parameter festlegen und daraus die Werte für die weiteren Variablen berechnen.

Die Genauigkeit der Aussagen oder der Abschätzungen basiert ganz entscheidend auf den zugrundeliegenden mathematischen

Modellen, den berücksichtigten internen und externen Faktoren (z.B. den Wettbewerbern), sowie der Datenqualität.

Um den Aufwand bei der Modellbildung und -umsetzung in Grenzen zu halten, werden häufig nur Verfahren gewählt, die bestehende Tendenzen innerhalb gewisser Grenzen fortschreiben. Je weiter der zu beschreibende Zeitraum aber in der Zukunft liegt, umso mehr Dinge können in der Zwischenzeit passieren und umso unzuverlässiger wird die Prognose.

## Zwischenstand: Fragen und Antworten

**Bist du fit für die Prüfung?**

Beantworte die folgenden Fragen und finde heraus, ob du die Inhalte dieser Etappe verinnerlicht hast. Die Antworten stehen online für dich bereit. Folge einfach dem QR-Code am Ende des Fragenkatalogs oder dem Link:

**fit-lernhilfen.de/wi/9.htm**

Addiere die Fit-Punktzahlen der korrekt beantworteten Fragen, die in der eckigen Klammer angegeben sind, und notiere diese in der Auswertung am Ende des Buches, um deinen Fitness-Stand später zu errechnen.

**Was ist Business Intelligence?**

[2 Fit-Punkte]

- ☐ ein Oberbegriff für verschiedene Produkte
- ☐ Datenanalyse
- ☐ ein Sammelbegriff für verschiedene Techniken zur Entscheidungsunterstützung
- ☐ ein besonderes Analyse-Verfahren

**Was ist ein Data Warehouse?**

[2 Fit-Punkte]

☐ ein Datensatz

☐ die Zusammenfassung aller Datenbestände des Unternehmens

☐ eine Aggregation von ausgewählten Daten zum Zweck der Analyse

☐ eine Datenbank mit aktuellen, operativen Daten

**Wofür steht ETL?**

[2 Fit-Punkte]

☐ extract, transfer, load

☐ extract, touch, leverage

☐ element, transcribe, leverage

☐ element, transfer, lock

**Worum geht es bei ETL?**

[3 Fit-Punkte]

☐ Programmierparadigma

☐ Verfahren zur Erstellung des Data Warehouses

☐ Bezeichnung eines Analyse-Verfahrens

☐ Normalisierung eines einzigen Datensatzes

**Was ist die Aufgabe des Data Minings?**

[2 Fit-Punkte]

☐ die richtigen Daten zu finden

☐ eine möglichst große Datenmenge zu erzeugen

☐ Auffinden unbekannter Zusammenhänge in den Datenmengen

**Wo kann man Predictive Analysis einsetzen?**

[3 Fit-Punkte]

☐ bei der rückwärtigen Ursachenforschung

☐ bei der Abschätzung künftiger Absatzzahlen

☐ bei der Vorhersage der Produktionsmengen

**Bei welchem Thema spielen Anfragen an die Datenbank eine wichtige Rolle?**

[2 Fit-Punkte]

☐ OLAP

☐ ETL

☐ Data Mining

☐ Predictive Analysis

**Dein Punktestand Etappe 9**
**[.............. Fit-Punkte]**

# Etappe 10: Geschäftsprozessmodellierung

## Startschuss: Schlagwörter und Prüfungstipps

### Was erwartet mich in dieser Etappe?

Der Bereich Geschäftsprozesse befasst sich mit der Erfassung der Geschäftsabläufe, der Abbildung auf ein Modell oder eine formale Notation, sowie der Umsetzung in ein ablauffähiges Programm.

### Welche Schlagwörter lerne ich kennen?

■ Geschäftsprozesse ■ Geschäftsabläufe ■ Business Process Execution Language (BPEL) ■ Business Process Model Notation (BPMN) ■ Ereignisgesteuerte Prozessketten (EPK) ■ Business Process Reengineering ■ Optimierung

### Wofür benötige ich dieses Wissen?

Die Modellierung, Programmierung und Optimierung von Geschäftsprozessen gehört zu den Kernaufgaben der Wirtschaftsinformatik, da hier sowohl betriebswirtschaftliche als auch informationstechnische Kenntnisse benötigt werden.

### Welchen Prüfungstipp kann ich aus dieser Etappe ziehen?

Es ist wichtig die einzelnen Phasen (Erfassung, Modellierung, Implementierung) sowie die unterschiedlichen Notationen zu kennen. Außerdem ist es immer vorteilhaft ein kleines Beispiel für Geschäftsprozesse selbst modellieren zu können.

**Los geht's!**

Die zunehmende Transparenz und Globalisierung der Märkte führt zu starkem Wettbewerbsdruck und somit zur Notwendigkeit die internen Geschäftsabläufe zu verschlanken und zu beschleunigen.

Ein typischer Ansatz um diese Vorgabe umzusetzen ist die Einführung und die Optimierung von Geschäftsprozessen. Insbesondere die weitgehende Automatisierung der Geschäftsabläufe erlaubt die Reduzierung der Bearbeitungszeiten und -kosten, was wiederum für viele Unternehmen eine zusätzliche Motivation ist, um sich mit dem Thema der Geschäftsprozesse auseinanderzusetzen.

## Geschäftsabläufe und Geschäftsprozesse

Der Begriff des Geschäftsprozesses ist zentral für diese Etappe, er sollte deshalb kurz motiviert und anschließend eingeführt werden. Hierbei wird zuerst von einer einfachen Definition ausgegangen, die anschließend Schritt für Schritt erweitert wird.

> Ein **Geschäftsprozess** erhält Eingabedaten und berechnet daraus, in einer Reihe von einzelnen Schritten, die Ausgabedaten.

In dieser Definition fehlt, dass neben den Eingangsdaten auch weitere (materielle) Produkte mit einfließen können, wobei das Ergebnis wiederum ein Produkt sein kann. Außerdem fehlen hier die betrieblichen Aspekte, wie z.B. die beteiligten Organisationen des Unternehmens, der Kunde, der die Leistung oder das Produkt erhält, die Nutzung der betrieblichen Ressourcen (inkl. IT) und die bei der Leistungserstellung zu berücksichtigenden Ziele und rechtlichen Regularien (im Sinne der Compliance). Außerdem ist die Reproduzierbarkeit des Ergebnisses wichtig, d.h. ein Geschäftsprozess kommt bei identischen Eingaben immer zu demselben Ergebnis.

Die verbesserte Version der Definition eines Geschäftsprozesses sieht also wie folgt aus:

> Ein **Geschäftsprozess** erhält Eingabedaten oder Produkte, erstellt daraus unter Beteiligung der betrieblichen Einheiten, in einer Reihe von einzelnen Schritten (oder Aufgaben), im Rahmen der rechtlichen Regularien und unter Erfüllung der Geschäftsziele, auf reproduzierbare Weise die gewünschte Leistung, in Form von Ausgabedaten, Produkten oder Diensten für den Kunden.

In einem ersten Ansatz kann ein Geschäftsprozess mit einem Algorithmus verglichen werden, denn beide basieren auf Ein- und Ausgabedaten und sie berechnen in einzelnen Schritten die Ergebnisse. Normalerweise werden die Berechnungsschritte weitgehend automatisiert und durch ein Programm umgesetzt.

Die Unterschiede zum Algorithmus liegen in den verschiedenen betrieblichen Aspekten des Geschäftsprozesses, wie z.B. der Nutzung der betrieblichen Ressourcen, der Einhaltung der rechtlichen Regularien und der Umsetzung der betrieblichen Ziele.

> Auf zwei Punkte sei noch verwiesen:
>
> Ein Geschäftsprozess lässt sich zwar vollständig beschreiben, aber nicht immer völlig automatisieren, z.B. aufgrund von manuellen Eingriffen seitens der Mitarbeiter.
>
> Es ist nicht immer sinnvoll, den aktuellen Geschäftsablauf 1:1 direkt in einen Geschäftsprozess zu übersetzen, da der ursprüngliche Geschäftsablauf oft von organisatorischen oder technologischen Randbedingungen beeinflusst war.

## Ziele und Vorteile der Geschäftsprozesse

Die Ziele, die mit der Entwicklung und der Umsetzung von Geschäftsprozessen verbunden sind, sind sehr vielfältig. Aus diesem Grund wird zuerst eine Übersicht der Ziele gegeben und anschließend erläutert.

- Fachexperten beschreiben den Geschäftsprozess
- Weitgehende Automatisierung der Geschäftsprozesse
- Nutzung der vorhandenen betrieblichen Informationssysteme für die Implementierung der Geschäftsprozesse
- Aufbau eines Wissensmanagements basierend auf der expliziten Modellierung der einzelnen Geschäftsprozesse

### Fachexperten beschreiben den Geschäftsprozess

Idealerweise sollten die Fachexperten selbst in der Lage sein, den Geschäftsprozess zu beschreiben, was aber in der Praxis selten der Fall ist, da oft die Unterstützung von (Wirtschafts-)Informatikern benötigt wird. Die Beschreibung des Geschäftsprozesses erfolgt in der Regel in einer formalen Sprache, die für den entsprechenden Anwendungsbereich angepasst wurde.

**Weitgehende Automatisierung der Geschäftsprozesse**

Es wird eine weitgehende Automatisierung der Geschäftsprozesse angestrebt, um die Bearbeitungskosten und -zeiten zu reduzieren. Es gilt die Regel, dass je mehr manuelle Eingriffe vorkommen, umso länger dauert die Ausführung und umso höher sind die damit verbundenen Kosten.

**Nutzung der vorhandenen betrieblichen Informationssysteme für die Implementierung der Geschäftsprozesse**

Die vorhandenen betrieblichen Informationssysteme und die IT-Infrastruktur sollten möglichst in die Umsetzung der Geschäftsprozesse einbezogen werden. Das Ziel ist es, hierbei die bereits vorhandenen betrieblichen Ressourcen effizient zu nutzen.

**Aufbau eines Wissensmanagements basierend auf der expliziten Modellierung der einzelnen Geschäftsprozesse**

Die Modellierung und die Beschreibung der Geschäftsprozesse ermöglichen den Aufbau eines Wissensmanagements, indem die vorhandene Expertise der Mitarbeiter bezüglich der Geschäftsabläufe einfließt. Ein weiteres qualitatives Ziel ist die Reduzierung der Abhängigkeit von Menschen und die geringere Fehlerhäufigkeit dank der Automatisierung.

Typische Vorteile bei der Umsetzung von Geschäftsprozessen sind:

- die Reduzierung der Bearbeitungszeiten und -kosten
- die größere Agilität bei der Bearbeitung der Prozesse
- die höhere Qualität dank der klaren Beschreibung
- die schnelle Verbreitung der Prozesse, die weltweit ausgerollt werden können
- die Möglichkeit zur kontinuierlichen Verbesserung der Prozesse

Ein wichtiger Nebeneffekt bei der Automatisierung von Geschäftsprozessen ist, dass die Mitarbeiter von manuellen Routinevorgängen entlastet werden, was eine bessere Konzentration auf die wertschöpfenden, kreativen Tätigkeiten erlaubt.

## Modellierung von Geschäftsprozessen

Die Ziele und Vorgaben für Geschäftsabläufe werden durch die Unternehmensführung vorgegeben. Diese allgemeinen Ziele werden wiederum über die mittleren Führungs- und Leitungsebenen in klare Zielvorgaben für die unteren Ebenen (entlang der Unternehmenspyramide) heruntergebrochen und konkretisiert.

Für die Erfassung der Anforderungen an den Geschäftsprozess wird eine Kombination verschiedener Techniken des **Requirements Engineering** empfohlen[34]. Der Prozess der Modellbildung wird in vielen Bereichen der BWL und Informatik durch Methodologien begleitet und unterstützt, insbesondere der Bereich der objektorientierten Systemanalyse mit der Beschreibungssprache „Unified Modeling Language“ (UML) kann hierfür ein guter Startpunkt sein.[35]

Ein mögliches Vorgehen zur Modellierung von Geschäftsprozessen kann überblicksartig wie folgt skizziert werden:

[1] Die Erfassung aller relevanten Begriffe, Informationssysteme, Rollen und Aufgaben

[2] Die Vereinheitlichung und Definition der Begriffe

[3] Die Darstellung der Interaktionen des Geschäftsprozesses mit den Benutzern (Rollen) und den betrieblichen Informationssystemen

[4] Die funktionale Beschreibung der Aufgaben und einzelnen Berechnungsschritte

[5] Die Detaillierung der Daten, sowie der zugrundeliegenden Formate und Typen

In einem ersten Ansatz geht es darum, einen Überblick über die gesamte Problemdomäne des Geschäftsablaufs zu erhalten. Dies geschieht am besten, indem alle relevanten Begriffe, die externen Schnittstellen mit Benutzern (Rollen) sowie die Informationssysteme und letztlich die funktionalen Abhängigkeiten zwischen den einzelnen Berechnungsschritten aufgezeichnet werden.

---

[34] Vgl. Rupp, C. und die Sophisten (2014)

[35] Vgl. Deininger, M. und Kessel, T. (2015b) und Balzert, H. (2011)

Der nächste, wichtige Schritt ist die Definition und die Vereinheitlichung der Begriffe, um ein kohärentes und durchgehendes Verständnis der Problemdomäne zu erzielen. Hierzu ist es wichtig, zusammen mit den Fachexperten ein Glossar der relevanten Terminologie zu erstellen und diesen durchgehend und kohärent zu verwenden. Typische Fragen, die das Vorgehen begleiten sind:

- Was sind die zehn wichtigsten Begriffe der Domäne?
- Wie definieren Sie die Domäne anhand der folgenden Begriffe?
- Was ist die Beschreibung von … ?

Die externen Schnittstellen, d.h. die möglichen Interaktionen zwischen dem Geschäftsprozess und seinen Benutzern sowie den betrieblichen Informationssystemen müssen beschrieben werden. Außerdem müssen die verschiedenen Kategorien von Benutzern und ihre (funktionalen) Aufgaben, die sog. Rollen, z.B. Administrator oder Sachbearbeiter, benannt werden. Die folgenden Fragen werden dabei häufig gestellt:

- Welche Werte werden beim Aufruf des Geschäftsprozesses übergeben?
- Mit welchen Informationssystemen interagiert der Geschäftsprozess?
- Woher erhält der Geschäftsprozess seine Daten?

Die Festlegung der funktionalen Abhängigkeiten zwischen den Eingangs- und Ausgangsparametern sowie die Zerlegung der Problemlösung in mehrere Berechnungsschritte stehen anschließend im Vordergrund. Die Beschreibung erfolgt in der Regel in einer mathematisch-formalen Notation, oft ergänzt durch eine textuelle Darstellung. Das Ziel ist immer eine möglichst umfassende Spezifikation der Leistungserstellung, insbesondere auch für die möglichen Fehlerzustände und -fälle. Übliche Fragen sind hierbei z.B.

- Welche Funktionen beschreiben die Abhängigkeiten der Ausgangswerte von den Eingangswerten?
- In welche einzelnen Arbeitsschritte lässt sich die Problemlösung zerlegen? Welche Reihenfolge ist dabei einzuhalten?
- Welche Berechnungsschritte lassen sich parallelisieren?
- Was sind typische oder mögliche Fehlerfälle bei den Eingabedaten?

Ein besonderer Fokus liegt auf dem Format und den Typen der zu verarbeitenden Daten. Hier geht es darum, die entsprechenden Datenstrukturen zu definieren, die auf die (möglichen) Algorithmen abgestimmt sind. Bei einer Einbindung der betrieblichen Informationssysteme müssen die Datentypen und -formate eventuell vereinheitlicht werden, sodass sie plattformübergreifend verarbeitet werden können. Dies ist insbesondere dann notwendig, falls es sich um heterogene, verteilte und ältere IT-Systeme handelt.

Fragen, die dieses Thema betreffen lauten z.B. wie folgt

- Was sind mögliche Datenstrukturen für den Geschäftsprozess?
- Welche Datenformate und -typen werden verwendet?
- Sind die Daten elementar oder aus mehreren Typen bzw. Formaten zusammengesetzt?
- Welche Eingabedaten sind verpflichtend, welche optional?

Analog zum Entwurf von Algorithmen müssen die beiden zentralen Eigenschaften **Vollständigkeit** und **Korrektheit** beim Entwurf eines Geschäftsprozesses gewahrt bleiben.

Die Vollständigkeit stellt sicher, dass für jede mögliche oder denkbare Situation ein entsprechender Bearbeitungsschritt oder Lösungsvorschlag vorliegen muss. Dies bedeutet aber auch, dass Fehlerzustände, z.B. Aufrufe des Geschäftsprozesses mit unvollständigen Werten, als solche erkannt und abgefangen werden müssen.

Oder umgekehrt formuliert: es darf nicht zu einer Situation kommen, in der unklar ist, ob und wie darauf zu reagieren ist, da dies erfahrungsgemäß zu einem unkontrollierten Abbruch führt.

Eine simple Fallback-Strategie könnte natürlich darin bestehen, in solchen kritischen Fällen manuell einzugreifen. Dies würde aber wiederum der geplanten Automatisierungsstrategie zuwider laufen.

Die Korrektheit bedeutet, dass jedes gültige Ergebnis im Geschäftsablauf auch zu einem gültigen Ergebnis im Geschäftsprozess führt. Der Geschäftsprozess muss also alle funktionalen Eigenschaften des Geschäftsablaufs abbilden.

Es ist zu beachten, dass die Modellierung von Geschäftsprozessen keine reine „technische Angelegenheit" ist, sondern sie betrifft in der Regel auch die Arbeitsabläufe von Menschen, d.h. neben den reinen inhaltlichen und fachlichen Faktoren beeinflussen auch soziale und menschliche Faktoren die Wahrnehmung und Bewertung des Geschäftsprozesses durch die Mitarbeiter. Dies trifft insbesondere auf die ergonomischen Anforderungen der Benutzer zu.

## Implementierung von Geschäftsprozessen

Für die Umsetzung der Geschäftsprozesse sind einerseits eine formale Notation und andererseits ein Werkzeug notwendig. Der Geschäftsprozess wird in der formalen Notation (so detailliert) beschrieben, sodass er später durch das Werkzeug ausgeführt werden kann. Normalerweise sollten Notation und Implementierung voneinander getrennt sein, in der Praxis vermischen sich aber gelegentlich beide Ebenen, z.B. dadurch, dass proprietäre Funktionen des Produkts bereits bei der Modellierung verwendet werden.

Idealerweise sollte die Notation zum einen ausreichend ausdrucksfähig und sprachmächtig sein, sodass alle relevanten Sachverhalte adäquat modelliert werden können und zum anderen sollten die zugrundeliegenden Konzepte so einfach und nachvollziehbar sein, dass Benutzer diese verstehen und ohne weitere Unterstützung anwenden können. Die Anforderungen sind also vergleichbar mit denen einer Programmiersprache oder einer domänen-spezifischen Sprache (bei einer Model-Driven Architecture).

Außerdem ist es wünschenswert, dass die Notation (international) standardisiert ist, um auf mittelfristige Sicht die erforderliche Investitionssicherheit für die Anwender und ein umfangreiches Ökosystem von Anbietern für Werkzeuge, Schulungs-, Beratungs- und Support-Dienstleistungen sicherzustellen.

Mit der **Business Process Model Notation (BPMN)** hat sich ein entsprechender internationaler Standard etabliert, der von vielen Anbietern und Werkzeugen unterstützt und umgesetzt wird.

Eine Besonderheit im deutschsprachigen Raum ist die starke Verbreitung des Formalismus, genannt die **Ereignisgesteuerte Prozesskette (EPK)**, die u.a. durch das sehr populäre Werkzeug ARIS (Architektur integrierter Informationssysteme) unterstützt wird.

## Optimierung von Geschäftsprozessen

Die Modellierung und die anschließende Implementierung von Geschäftsprozessen sind in der Regel nur die ersten Schritte in Richtung einer Optimierung der Geschäftsprozesse.

Zwei unterschiedliche Herangehensweisen sind bei der optimierenden Weiterentwicklung zu berücksichtigen:

Die **Geschäftsprozessoptimierung** setzt auf eine kontinuierliche Verbesserung der existierenden Geschäftsprozesse, in Form einer Evolution, die so konsequenterweise (in mehreren Iterationen) zu einer Optimierung führen. Die prinzipielle Idee besteht in der Fokussierung auf einzelne, ausgewählte zu verbessernde Aspekte oder Parameter.

Das **Business Process Reengineering (BPR)** setzt auf einen „big bang" in Form eines Neustarts oder eines vollständigen Redesigns des Geschäftsprozesses. Hier geht es im Wesentlichen darum, alle Phasen des Prozesses zu hinterfragen und auf ihre Notwendigkeit hin zu überprüfen.

Die **Vorteile des ersten Ansatzes**, d.h. der Geschäftsprozessoptimierung, bestehen in

- der Risikominimierung, durch die Änderung weniger ausgewählter Parameter und Aspekte
- der besseren Überwachung und größeren Kontrolle der ausgewählten Parameter und Aspekte
- der leichteren Umsetzbarkeit
- der Einführung einer Kultur der stetigen Verbesserung

Die **Vorteile des zweiten Ansatzes**, d.h. des Business Process Reengineering (BPR), führen zu

- einer prinzipiellen Chance zu größeren Veränderungen, da gleichzeitig mehrere Parameter neu eingestellt werden
- der Option „historisch gewachsene" Entwicklungen kritisch zu hinterfragen oder sogar direkt zu überspringen

Die Frage, ob eine Kultur der kontinuierlichen Verbesserung (Evolution) oder ein „big bang" (Revolution) besser ist, kann sicherlich nicht definitiv beantwortet werden, da beide Strategien von der konkreten Umsetzung abhängen und inwieweit es gelingt die jeweiligen Vorteile zu nutzen.

Bei einer kritischen Abwägung dürften die Versprechungen von deutlichen Leistungsverbesserungen – durch einen Quantensprung – in der Praxis hinter den Erwartungen zurückbleiben, weil ein vollständig neuer, genialer Entwurf letztlich schwierig(er) zu erreichen ist. Insofern bietet sich eher eine Kultur der kontinuierlichen Verbesserung an, die darin besteht, bei jedem Durchlauf einen Aspekt des Geschäftsprozesses zu verbessern.

Die Frage nach der Optimierung betrifft in allererster Linie, **welcher** (der zahlreichen) **Parameter**, z.B. die Ausführungsgeschwindigkeit, die Kosten, der Ressourcenaufwand, verbessert werden sollte. Um den oder die zu optimierenden Parameter zu identifizieren, ist es wichtig zu wissen, ob

- ein analytischer Ansatz oder
- ein empirischer Ansatz

zu verfolgen ist.

Ein **analytischer Ansatz** setzt ein zugrundeliegendes mathematisch-formales Modell voraus, sodass alle Änderungen von Parametern und deren mögliche Konsequenzen berechnet werden können.

Ein **empirischer Ansatz** ist hingegen dann zu verfolgen, wenn - aus welchen Gründen auch immer, z.B. wegen zu großer Komplexität – kein zufriedenstellendes formales Modell existiert. In diesem Fall müssen die zu verbessernden Parameter direkt eingestellt und alle daraus abgeleiteten Werte gemessen werden. Hier ist also der Zyklus aus: Parameter einstellen – messen und – bewerten entscheidend und er wird solange ausgeführt, bis die relevanten Parameter die gewünschten Ergebnisse zeigen.

In der folgenden Tabelle werden typische Indikatoren oder Symptome für die zugrundeliegenden Probleme aufgeführt, sodass häufig auftretende Ansatzpunkte für Optimierungen leichter und schneller identifiziert und anschließend gelöst werden können.

| Aspekt | typische Probleme | typische Anzeichen | übliche Konsequenzen |
|---|---|---|---|
| Bearbeitungsschritte | fehlende Transparenz, keine Nachvollziehbarkeit | unzureichende oder keine Dokumentation | unzureichende Kommunikation, schwer änderbar |
| | viele Schnittstellen und Medienbrüche | zahlreiche beteiligte Rollen | hohe Komplexität, schwerfällig |
| | zahlreiche Varianten | komplexe oder uneinheitliche Beschreibungen | |
| Schnittstellen zwischen Prozessen | keine Abstimmung | erneute Validierung der Eingabedaten | Verzögerungen |
| | keine oder unzureichende Informationsweitergabe | zahlreiche Rückfragen | |
| Funktionsorientierte Ablauforganisationen | hohe (Tayloristische) Arbeitsteilung | ungleichmäßiger Arbeitsverteilung | ineffiziente Verarbeitung |
| | Bürokratie und überflüssige Hierarchien | personelle Überausstattung | |
| | fehlende Kundenorientierung | arbeitsorientierte Abläufe | nur lokale Optimierungen |
| IT-Systeme | historisch gewachsene Systeme | heterogene Technologien | keine oder schwierige Integration |
| | inkonsistente Datendefinitionen | ähnliche, im Detail aber abweichende Stammdatendefinitionen (am auffälligsten meist bei Kunden- und Auftragsdaten) | |
| | „not invented here"-Syndrom | (meist undokumentierte) Individual-Software | teure Weiterentwicklung / Wartung |

Tabelle 1: Probleme und Schwachstellen von Prozessen (entnommen aus Deininger, M. und Kessel, T. (2015c))

Die fehlende Dokumentation zu einzelnen Bearbeitungsschritten führt häufig dazu, dass nicht mehr nachvollziehbar ist, warum diese notwendig sind und inwieweit diese von anderen abhängig sind. Aufgrund von späteren Änderungen können einzelne Bearbeitungsschritte überflüssig werden, ohne dass dies auffällt, da die betreffenden Abhängigkeiten und kausalen Zusammenhänge nicht dokumentiert sind.

| Aspekt | Ziele | Maßnahmen |
|---|---|---|
| Umstellung einer funktionsorientierten Ablauforganisationen auf Ergebnisorientierung | Bearbeitung in Teams mit geringer Arbeitsteilung und wenigen Schnittstellen | Ausrichtung auf Produkte und Kunden; Einsetzung eines Prozessverantwortlichen |
| | Minimierung von Liege- und Wartezeiten | Bereitstellung von Gütern und Informationen erst bei tatsächlichem Bedarf (Just-in-Time) |
| Beibehaltung einer funktionsorientierten Ablauforganisation | Verbesserung der Transparenz | Information, wer welchen Vorgang zur Zeit bearbeitet |
| | Reduktion der nichtwertschöpfenden Schritte, Prüffunktionen und Entscheidungswege | Einführung von Teams, die die einzelnen Schritte ganzheitlich bearbeiten |
| | | Vorverlagerung und Begrenzung von Verantwortlichkeiten |
| Bearbeitungsschritte | höherer Automatisierungsgrad | Standardisierung von Prozessen |
| | erhöhter Durchsatz und Information zum Abarbeitungsgrad | Automatisierung von Plausibilitätsprüfungen, Kontrollen, Belegverarbeitung und Informationsverteilung |
| | Informationen für weitere Optimierungen | (Automatisierte) Ermittlung von statistischen Kennzahlen |
| IT-Systeme | Integration unterschiedlicher Systeme | Einsatz von Enterprise Application Integration-Lösungen (EAI) |
| | Reduktion der Datenredundanz | einheitliche Datendefinitionen über die Systeme hinweg |
| | aktuelle und schnelle Verfügbarkeit aller relevanten Daten | einheitliche Datenbasis für alle Prozessbeteiligten (z.B. durch Business Intelligence-Lösungen) |

Tabelle 2: Mögliche Prozessoptimierungsmaßnahmen (entnommen aus Deininger, M. und Kessel, T. (2015c)

Ein weiteres typisches Beispiel für die Optimierungspotenziale bei Geschäftsprozessen sind (zu) viele Schnittstellen zwischen den einzelnen funktionalen Einheiten des Unternehmens oder Medienbrüche zwischen Dokumenten, z.B. die Umwandlung von einem Format ins andere, von der Papierform in eine elektronische Datei.

In Tabelle 2 geht es darum, welche Maßnahmen und Konsequenzen sich aus den festzulegenden Zielen ergeben. Wünscht man sich zum Beispiel einen erhöhten Automatisierungsgrad, dann ergibt sich daraus, dass die Prozesse standardisiert werden müssen und die Anzahl der Varianten reduziert werden sollte, um so die Umsetzbarkeit zu vereinfachen. Weiterhin müssen oft manuelle Kontrollen oder Bestätigungen durch automatische Plausibilitätsprüfungen per Software ersetzt werden.

## Zwischenstand: Fragen und Antworten

**Bist du fit für die Prüfung?**

Beantworte die folgenden Fragen und finde heraus, ob du die Inhalte dieser Etappe verinnerlicht hast. Die Antworten stehen online für dich bereit. Folge einfach dem QR-Code am Ende des Fragenkatalogs oder dem Link:

**fit-lernhilfen.de/wi/10.htm**

Addiere die Fit-Punktzahlen der korrekt beantworteten Fragen, die in der eckigen Klammer angegeben sind, und notiere diese in der Auswertung am Ende des Buches, um deinen Fitness-Stand später zu errechnen.

**Was sind typische Merkmale eines Geschäftsprozesses?**

[3 Fit-Punkte]

☐ Wichtigkeit

☐ erhält Eingabedaten oder Produkte

- ☐ die Leistungserstellung erfolgt durch betriebliche Einheiten
- ☐ die Reproduzierbarkeit des Ergebnisses
- ☐ die Nutzung aller möglichen Ressourcen
- ☐ vollständige Automatisierbarkeit

**Was sollte bei der Geschäftsprozessmodellierung erfasst werden?**

[3 Fit-Punkte]

- ☐ Benutzer
- ☐ Meinungen
- ☐ Informationssysteme
- ☐ Begriffe
- ☐ Arbeitsschritte, Aufgabenverteilungen

**Warum sollten die Interaktionen mit Benutzern/Systemen erfasst werden?**

[2 Fit-Punkte]

- ☐ Zur Festlegung der Schnittstellen
- ☐ Der Vollständigkeit wegen
- ☐ Der Benutzbarkeit wegen
- ☐ Der Korrektheit wegen

**Was ist für die Implementierung von Geschäftsprozessen notwendig?**

[3 Fit-Punkte]

- ☐ Begriffe, Schnittstellen und Informationssysteme
- ☐ Notation
- ☐ Werkzeug
- ☐ UML

**Wie heißen die beiden Ansätze für die Optimierung von Geschäftsprozessen?**

[1 Fit-Punkt]

☐ Business Optimization
☐ Business Process Engineering (BPE)
☐ Business Process Reengineering (BPR)
☐ Geschäftsprozessoptimierung

**Was sind die beiden wichtigsten Notationen für Geschäftsprozesse?**

[2 Fit-Punkte]

☐ Ereignisgesteuerte Prozessketten (EPK)
☐ Business Process Modeling Notation (BPMN)
☐ Business Process Language (BPL)
☐ Business Process Notation (BPN)

**Dein Punktestand Etappe 10**
**[.............. Fit-Punkte]**

# Den Fitness-Stand errechnen

Nun erfährst du, wie fit du für die Prüfung bist. Notiere deine erreichten Punktzahlen aus den einzelnen Etappen in den entsprechenden Feldern und bilde die Summe. Im Anschluss daran, kannst du deinen Fitnessgrad für die Prüfung bestimmen:

| | |
|---|---|
| Dein Punktestand Etappe 1 | [.............. Fit-Punkte] |
| Dein Punktestand Etappe 2 | [.............. Fit-Punkte] |
| Dein Punktestand Etappe 3 | [.............. Fit-Punkte] |
| Dein Punktestand Etappe 4 | [.............. Fit-Punkte] |
| Dein Punktestand Etappe 5 | [.............. Fit-Punkte] |
| Dein Punktestand Etappe 6 | [.............. Fit-Punkte] |
| Dein Punktestand Etappe 7 | [.............. Fit-Punkte] |
| Dein Punktestand Etappe 8 | [.............. Fit-Punkte] |
| Dein Punktestand Etappe 9 | [.............. Fit-Punkte] |
| Dein Punktestand Etappe 10 | [.............. Fit-Punkte] |
| **Gesamtpunktestand** | **[.................. Fit-Punkte]** |

** Dieses Buch beinhaltet die Grundlagen der Wirtschaftsinformatik. Deine Dozentin oder dein Dozent können gegebenenfalls andere Schwerpunkte setzen oder tiefer in den Stoff eintauchen. Reichere deswegen diese Inhalte aus dem Buch unbedingt mit deinen Mitschrieben aus den Vorlesungen an, um in vollem Umfang* ***fit für die Prüfung*** *zu sein. Sollte deiner Meinung nach ein Thema in diesem Buch künftig stärker gewürdigt werden, dann schreibe uns eine E-Mail unter wirtschaft@uvk.de.*

**0 bis 49 Punkte:** Da hilft kein drum herumreden: Du bist nicht fit. Lies das Buch erneut und konzentriere dich dabei ganz besonders auf die Etappen, in denen du nur wenige oder gar keine Punkte erzielen konntest. Denk daran, dass das Wissen aus den Etappen aufeinander aufbaut. Die Lücken bei den Grundlagen musst du also unbedingt schließen, um dein Verständnis beim Lesen zu erhöhen. Nur so kannst du das Wissen der folgenden Etappen erfolgreich vernetzen. Jetzt nur keine Panik – du schaffst das!

**50 bis 84 Punkte:** Mit dieser Leistung könnte es in der Prüfung sehr brenzlig werden. Am besten steigst du in die Etappen ein, in denen du die wenigsten Punkte erzielt hast. Solltest du bei den Grundlagen Schwächen gezeigt haben, nimm dir diese unbedingt nochmals vor. Vielleicht hilft dir auch das Glossar am Ende des Buches, um definitorische Lücken zu schließen. Nun heißt es: Ärmel hochkrempeln und erneut in den Stoff gezielt eintauchen.

**85 bis 119 Punkte:** Na also, das sieht doch gut aus. Wenn es deine Zeit zulässt, kannst du nochmals in die Etappen einsteigen, in denen du die wenigsten Punkte erzielt hast. Dadurch kannst du deine letzten Lücken schließen. Ein Blick in das Glossar hilft dir dabei, die Definitionen zu wiederholen. Wenn du noch etwas Zeit investierst, kannst du mit einem guten Gefühl in die Prüfung gehen.

**120 bis 150 Punkte:** Prima, eine wirklich tolle Leistung. Du hast den Stoff der einzelnen Etappen bereits sehr gut verinnerlicht und bist fit für die Prüfung. Die Punktestände der einzelnen Etappen verraten dir, in welchen Themenbereichen du noch kleinere Schwächen hast. Wenn du dafür noch etwas Zeit investierst, könntest du in der Prüfung glänzen. Wir drücken die Daumen!

# Hilfreiche Lehrbücher und Quellen

Balzert, Heide (2011); Lehrbuch der Objektmodellierung: Analyse und Entwurf mit der UML 2, Spektrum Akademischer Verlag

Bunse, Christian / von Knethen, Antje (2008) „Vorgehensmodelle kompakt“ , Spektrum Akademischer Verlag

Deininger, Marcus / Kessel, Thomas (2013); Fit für die Prüfung: Java: Lerntafel; UTB GmbH

Deininger, Marcus / Kessel, Thomas (2015a); Fit für die Prüfung: Informatik: Lerntafel; UTB GmbH

Deininger, Marcus / Kessel, Thomas (2015b); Fit für die Prüfung: Systemanalyse und -entwurf (UML): Lerntafel; UTB GmbH

Deininger, Marcus / Kessel, Thomas (2015c); Fit für die Prüfung: Geschäftsprozessmodellierung mit BPMN: Lerntafel; UTB GmbH

Hansen, Hans Robert / Neumann, Gustaf (2005); Wirtschaftsinformatik 2, UTB GmbH

Hansen, Hans Robert / Neumann, Gustaf (2009); Wirtschaftsinformatik 1, UTB GmbH

Henderson, J.C. / Venkatraman, N. (1993); Strategic alignment: leveraging information technology for transforming organizations, IBM Systems Journal, Vol. 32, No. 1

Johannsen, W. / Goeken, M. (2007); Referenzmodelle für IT-Governance. Strategische Effektivität und Effizienz mit COBIT, ITIL & Co, dpunkt.verlag

Kessel, Thomas / Vogt, Marcus (2013); Fit für die Prüfung: Wirtschaftsinformatik: Lerntafel; UTB GmbH

Krcmar, Helmut (2015); Informationsmanagement, Springer Gabler

Laudon, Kenneth C. / Laudon, Jane P. / Schoder, Detlef (2015); Wirtschaftsinformatik: Eine Einführung, Pearson Studium

Osterwalder, Alexander / Pigneuer, Yves (2013); Business Model Generation: A Handbook for Visionaries, Game Changers, and Challengers, John Wiley & Sons

Porter, M. E. (1985), Competitive Strategy: Techniques for Analyzing Industries and Competitors, Free Press

Rupp, Chris und die Sophisten (2014); Requirements-Engineering und -Management: Aus der Praxis von klassisch bis agil, Hanser

Vogt, Marcus (2012); Aligning IT Initiatives with Emergency Management Objectives: Developing and Adapting IT Governance Approaches for the Domain of Emergency Management, ePublications@bond

# Stichwortverzeichnis